한눈에 읽는 외식창업 성공 이야기 [시리즈 7]

영원한 국민 메뉴
삼겹살 전문점

김병욱 지음

 킴스정보전략연구소

김 병 욱 소장

  킴스정보전략연구소 소장인 김병욱 박사는 소상공인 창업 지원 연구, 개발, 평가, 심사, 위원으로 활동하고 있으며, 삼성그룹사가 작사와 1등을 뛰어넘는 2등 전략과 창업 틈새 전략 외 150여 권의 저서를 발표한 바 있다.

  그 밖에 방송·산업체 강의, 평가 등의 활동과 동시 월스트리트저널에 의해 21세기 아시아 차세대 리더에 선임된 바 있는 정보전략가임과 동시 경영컨설턴트이다.

Contents

Contents

Contents

Contents

Contents

Contents

Contents

I

삼겹살의 등장과 상품의 변천

1. 삼겹살의 등장과 확산

1) 삼겹살의 등장

삼소방(삼겹살, 소주, 노래방) 아이템 중에서 조류독감과 광우병 등에 영향을 받지 않는 돼지고기전문점은 가장 유망한 사업 중 하나로 꼽혀왔다. 지난 2017년 기준으로 돼지고기 관련 외식시장 규모는 전체 외식시장의 10%에 가깝다.

돼지고기 소비량도 계속 증가하고 있다. 한국농촌경제연구원이 발표한 자료에 따르면 우리나라 국민 1인당 돼지고기 소비량은 17.3kg이었으나 10년 후인 2015년에는 20.4kg으로 꾸준히 증가해 왔다. 삼겹살 수입도 계속 증가하고 있는 추세다. 한국육류유통수출입협회에 따르면 삼겹살 수입은 전체 돼지고기 수입량 중 삼겹살이 차지하는 비중이 70% 이상이다. 그런데 최근 삼겹살을 포함한 돼지고기 가격이 급등하고 있다. 돼지고기의 주요 수입대상국을 살펴보면 미국이 27%로 가장 많고 캐나다 19%, 칠레 9% 순으로 미주지역이 대부분을 차지하고 있다. 반면 삼겹살은 벨기에 22%, 칠레 16%, 프랑스 14% 순으로 유럽지역에서 주로 수입하고 있다.

2) 슬레이트 삼겹살이 대중으로 확산

삼겹살을 먹게 된 유래를 보면 여러 가지 설이 있는데 그중 '소주가격 하락설'과 '슬레이트설'이 가장 유력한 정설로 인정받고 있다. 즉 1960년대 소주가격 하락으로 서민들이 쉽게 술을 구할 수 있게 됨에 따라 이에 맞는 안주를 찾던 중 비교적 싼 삼겹살을 안주로 삼으면서 대중으로 확산된 배경이다. 반면 또 하나는 건설노동자들이 삼겹살을 건축자재인 슬레이트에 구워 먹은 것이 확산되면서 대중화 됐다는 설이다. 또 다른 삼겹살에 대한 이야기로는 장사 수완이 좋기로 유명한 개성사람들과 관련이 있는 설이다.

예로부터 우리 조상들은 쇠고기를 귀하게 여겨 다양한 부위를 먹는 반면 돼지고기는 천대시 했다. 그러나 최근에는 조리방법과 숙성을 거친 전문점이 많아지면서 이에 대한 우려가 불식되었다.

3) 삼겹살 맛의 포인트는 육즙

김치와 더욱 잘 어울리는 맛의 관건은 바로 육즙이다. 육즙을 잘 보존시키면서 고소한 맛을 즐기기 위해서는 고기의 두께를 약 0.6㎝로 하는 것이 좋다.

또한 돼지고기는 중금속 해독작용 효과가 있어 과거에는 인쇄소 등의 노동자들이 일주일에 한 번씩은 돼지고기를 먹었으며, 각종 미네랄과 필수 아미노산이 풍부해 특히 비타민 B1은 쇠고기보다 10배나 더 들어 있어 여성들의 미용식품으로도 인정받고 있다.

2. 삼겹살의 변천사

1) 대패삼겹살

대패삼겹살은 IMF를 전후에 폭발적인 인기를 구가했던 대표적인 메뉴는 대패삼겹살이다. 일반 삼겹살의 절반 수준에도 못 미치는 수준인 3,000원 미만의 저렴한 가격으로 인해 폭넓은 고객층으로부터 인기를 얻었다.

〈표1〉 삼겹살 변천사

연도	특징	대표적인 삼겹살 종류
1995	삼겹살 구이판의 다양화 시도	솥뚜껑 삼겹살 등장, 고기뷔페 전성기
1999	IMF 이후 소비 위축으로 저가형 등장	대패삼겹살 등

2000	숙성삼겹살 등장	고추장 삼겹살 전성기, 와인·녹차 등 숙성 삼겹살 등장
2002	숙성 종류 다양화	허브삼겹살, 저가삼겹살 유행, 오겹살 등장
2004	삼겹살도 웰빙 추구	묵은 김치와 함께 먹는 김치삼겹살, 된장삼겹살 등
2006	소스, 구이방법, 먹는 방법 등의 차별화 시도	한지에 싸서 숙성시킨 깝겹살, 3초 삽삼겹, 해산물 결합한 삼겹살 등
2010	삼겹살 고유의 맛에 신세대 입맛 고려한 퓨전삼겹살 시도	900도 온도에서 구운 가마삼겹살, 삼겹살 샤브샤브, 치즈불삼겹살 등
2013	삼겹살의 육가공 PB 상품 등장	선진포크 포그바, 착한고기
2017	숙성 기술 전문화 저지방 삼겹살 상품화	원육패키지 세분화된 삼겹살판매

2) 숙성삼겹살

숙성삼겹살과 생고기의 등장은 1999년에 등장한 와인숙성삼겹살은 기존의 단순한 삼겹살을 한 단계 업그레이드시키면서 일약 삼겹살 시장의 스타 아이템으로 부상했다. 뒤이어 허브숙성삼겹살, 대나무통삼겹살, 된장숙성삼겹살, 녹차숙성삼겹살 등 숙성 종류의 다양화를 표방한 삼겹살 메뉴가 잇따랐다. 이들 숙성삼겹살은 2000년대 초반까지 인기를 지속했다. 또한 대부분의 삼겹살 전문점들이 냉동 삼겹살을 제공하던 시점에서 와인 등에 숙성시킨 생고기 삼겹살이 등장하면서 삼겹살 생고기 시대를 열었다.

오겹살 등의 별도 메뉴 등장은 고객 선택의 폭을 넓히고, 평범한 삼겹살로는 성공할 수 없다는 인식을 심어주게 됐다.

3) 김치삼겹살

김치 삼겹살은 2002년 삼겹살과 신 김치를 결합한 김치삼겹살의 등장은 삼겹살 시장을 평정하기에 이른다. 숙성된 김치와 생삼겹의 인기는 중년층뿐만 아니라 젊은층으로부터도 인기를 얻어 대부분의 삼겹살 전문점들이 김치삼겹살 중심으로 변화를 꾀했다.

김치삼겹살의 인기 영향으로 숙성김치, 묵은지 등 저마다 특색있는 김치를 앞세운 아이템들이 쏟아져 나왔고, 세계적으로 김치가 인정받음에 따라 웰빙 음식을 표방하고 나서게 됐다.

4) 퓨전삼겹살

고객 입맛을 고려한 퓨전삼겹살의 등장은 IMF 당시 인기를 끌었던 저가삼겹살이 다시 유행하기 시작했다. 지속적인 경기 영향에 따라 소비자들의 지출이 줄어들자 반찬류 등의 사이드 메뉴를 줄여 원가를 절감한 저가삼겹살 전문점이 창업시장에 빠른 속도로 늘어났다. 이와 반대로 고객의 변화하는 입맛을 잡기 위한 퓨전 삼겹살도 시도되기 시작했다. 삼겹살 샤브샤브, 치즈 불삼겹살, 한지에 숙성시킨 깻겹살, 해산물과 결합한 삼겹살 등이 쏟아져 나오기 시작한 것이다. 또한 숙성삼겹살의 등장과 맞물려 각종 소스 개발도 진일보한 상태다.

단순한 숙성 차원에서 벗어나 한약재, 천연재료 등을 이용한 각종 소스를 이용한 삼겹살 차별화 시도가 더욱 가속화되고 있다.

5) 솥뚜껑 삼겹살

특화된 불판·구이방법으로 차별화가 시도된 1995년 ㈜놀부가 솥뚜껑삼겹살이라는 이름으로 삼겹살 불판을 솥뚜껑으로 이용한 후 솥뚜껑 불판은 다양한 변화를 거듭해 왔다.

양념에 섞은 삼겹살을 철판에 구워 먹는 철판두루치기가 여성 고객을 타깃으로 출시되기도 했다.

이후 2000년을 넘어서면서 삼겹살 시장에도 복고풍이 불기 시작했다. 바로 연탄구이집의 등장이다. 구이방법은 최근 들어 삽을 불판 대신 사용하는 삽삼겹살과 900도 온도의 가마에서 구워내는 가마삼겹살, 떡과 김으로 삼겹살을 싸먹는 떡 삼겹살 등의 등장과 같이 새로운 변화도 시도되고 있기도 하다.

3. 삼겹살 전문점 로스터의 변천

고기를 구워먹을 때 가장 대중적으로 선호하는 것이 바로 숯과 화로를 이용한 직화구이다. 하지만 숯불 로스터의 경우 배관, 후드, 덕트 등의 시설 설치는 물론 잦은 석쇠 교환 및 숯불 관련 별도 인력 구비 등 여러 가지로 불편함이 많았다. 로스터의 변천사는 외식업계가 점차 쾌적하면서도 안정적인 매장 환경을 요구하면서 시작됐다.

각종 열원에 따른 다양한 로스터가 개발 및 보급되면서 고객 만족도를 높이고 있다. 이 중 가장 대중화된 숯불식 로스터와 가스

로스터를 제외한 전기식·수냉식 로스터의 시설원리를 보면 다음과
같다.

〈표2〉 로스터의 종류

분류	종류	가격
열원에 따른 분류	숯불식 로스터	3~20만 원 선
	숯불 가스 겸용 로스터	15~50만 원 선
	가스식 로스터	15~50만 원 선
	전기식 로스터	20~50만 원 선
배기시설에 따른 분류	상향 덕트식	15~25만 원 선(테이블 당, 단층 기준)
	하향 덕트식	25~40만 원 선(테이블 당, 단층 기준)

1) 전기 로스터

전기 로스터는 숯불구이와 가스 로스터의 대안으로 개발된 전기
로스터 제품은 숯불구이 방식을 차용하거나 이를 변형, 숯불구이의
단점을 최소화하면서 다양한 부가 기능으로 고기 맛을 좋게 해준

다. 전기 로스터가 시장에 나오기 시작한 것은 4~5년 전 쯤으로 점차 대중화되고 있는 추세다. 전기 로스터의 가장 큰 장점은 숯이나 가스에 비해 연료비가 저렴하다는 점이다. 숯이 필요 없고 불판이 잘 타지 않아 숯 장치 및 홀 인력을 줄일 수도 있다. 별도의 덕트 시설 없이 기본 환기 시설만 갖추면 된다.

2) 수냉식 로스터

수냉식 로스터의 경우 최근에는 수냉식 로스터도 외식업주들의 관심을 끌고 있다. 수냉식은 안이 비어 있는 봉 형태로 석쇠를 제작, 내부에 물이 흐르도록 함으로써 구이 시 로스터 내부 열기와는 상관없이 석쇠가 100℃ 미만을 유지하도록 하는 원리다.

따라서 조리 도중 석쇠 온도가 400~500℃까지 올라가는 기존 구이방식과는 달리 고기가 타거나 눌어붙지 않으며 이로 인한 연기 발생을 근본적으로 차단해 준다. 숯불구이의 단점으로 지적되는 수분손실을 줄여 고기가 쉽게 마르지 않는 것도 장점 중 하나로 꼽힌다.

II

삼겹살 시장의
시대별 트렌드와 변천

1. 삼겹살의 변천과 무한변신

10여 년 전 후 돼지고기를 무한리필하는 고기 뷔페집들이 한때 유행했다. 1인당 5000원만 내면 메인 삼겹살은 물론 떡볶이, 튀김, 초밥 등 사이드요리까지 무한대로 가져다 먹을 수 있는 콘셉트로 주머니 가벼운 대학생들의 외식 성지로 통한 적이 있었다. 육류 무한리필, 고기 뷔페 아이템은 늘 가난한 시대의 상징이었다. 그리고 2016년. 10년 전 육류 문화를 재현하듯 최근 외식 프랜차이즈시장에는 무한리필 바람이 다시 불기 시작했다.

무한리필 삼겹살의 재등장으로 벌써부터 업계가 시끄럽다. '뻔한 저가 브랜드 남발로 시장 교란을 일으킨다'. '무한대 퍼주고 남는 것 없어 가맹점만 죽어난다', '보릿고개 시절이 아닌 이상 무한리필은 시대를 역행하는 아이템이다' 라는 등 우려하는 목소리가 적지 않다. 내리쬐는 햇볕만큼 뜨거운 창업시장에서 무한리필 삼겹살 아이템이 지닌 경쟁력은 진짜 있는 것일까? 한국인의 영원한 국민 육류인 삼겹살을 무한리필로 풀었을 때 스테디셀러로 자리매김할 가능성은 어느 정도일까?

여느 아이템과는 다르게 삼겹살은 큰 유행이나 눈에 띄는 변화 없이 같은 모양, 비슷한 콘셉트로 그 자리를 지켰던 것 같지만, 깊이 들여다보면 삼겹살만큼 격동의 시대를 거치며 다이내믹한 변화를 일삼아 온 식품도 없다.

1) 1981~1995년 이태원 '엉클리뷔페' '대박집'

'1인 5000원에 고기뷔페 무한 이용', '소고기 무한리필', '돼지고기 무한리필', '대패삼겹살 2900원', 20년 전부터 지겹도록 보아 왔던 간판들이다.

1990년대는 외식산업 전반적으로 대형 식당들의 입지가 단단하게 굳혀지는 시기였다. 매장 안에 커다란 대형 쇼케이스를 설치하여 삼겹살과 각종 양념육을 대량으로 갖다 놓으면 고객이 알아서 고기를 가져다 먹는 식이었다.

2) 1996~2005년 숙성삼겹살 '도네누', '돈데이' 대박

2004년 한국·칠레 FTA가 체결되고 외국 농산물 수입이 자유화되면서 유럽산, 남미산, 칠레산 등 수입 냉동 삼겹살이 한꺼번에 들어왔다. 국내산 돼지고기 공급에 한계가 있던 시기에 저렴한 수입산 삼겹살을 내세운 다양한 저가 브랜드들이 출현하기 시작한 것이다. 1990년대부터 사랑받았던 솥뚜껑삼겹살은 2000년대 들어와 날개를 달았다. 가마솥 모양의 큼직한 불판에 삼겹살과 김치, 콩나물, 부추 등을 한꺼번에 올려 푸짐하게 구워 먹는 콘셉트로 1993년 주방기구 제조업을 했던 이환중 대표가 구이용 솥뚜껑을 개발하면서 폭발적인 인기를 얻은 것이다.

국내 프랜차이즈 업체들은 너나 할 것 없이 수입산 삼겹살로 중저가 브랜드를 만들었다. '도네누'나 '돈데이', '구이가'가 대표적이다. 같은 저가 브랜드라도 싸구려 모돈을 썼던 대박 집에 비해 원육 상태가 비교적 우수했고 매장 인테리어나 물류 공급 시스템 기반을 잘 갖춰 창업시장에서도 각광을 받았다. 대부분 대학가 상권에 입지하는 추세였다.

3) 2006~2010년 무한리필 지고 떡삼·팔색삼겹살 시대

이 무렵 외식시장에는 복고 바람이 한동안 불었는데 육류시장도 예외가 아니었다. 2010년도 이후로는 '삼겹살=저가형 서민 육류'의 이미지가 차츰 사라졌다. 1990~2000년대 초반 우후죽순 생겼던 정육식당이나 저가 삼겹살 매장들 중 상당수가 도태되면서 일단락됐다.

이후 도드람이나 선진포크, 하이포크 등 브랜드 육을 취급하는 매장들이 늘어났고 '흑돈가' 나 '돈사돈' 등과 같은 제주 돼지고기 브랜드가 유행하기 시작했다.

4) 2011년~2015년 스테이크형 삼겹살로 고급화

육류시장에서 무한리필 아이템이 다시 각광 받기 시작한 건 2010년 말부터다. 타깃은 돼지고기보다 소고기시장이었다. 미국산 소고기를 무한리필로 제공하는 프랜차이즈 브랜드가 우후죽순 생겼지만 2년간 반짝하고 뜨는가 싶더니 다시 미지근해졌다.

삼겹살시장에 가장 큰 변화가 일게 된 건 '하남돼지집'이 프랜차이즈로 가맹점을 늘려가면서부터다. 하남돼지집의 확산으로 제주 돼지에 이어 품질 경쟁으로 가게 되면서 동시에 마케팅의 중요성도 대두됐다. 1등급 암돼지의 진한 풍미와 명이나물의 조화에 팬덤이 생기면서 소비자는 원육뿐 아니라 사이드 찬 구성까지 살피게 됐고 삼겹살은 더욱 고급화·전문화되어 갔다.

5) 2016~2018년, 또 다시 저가 무한리필 삼겹살 재등장

5년 넘도록 프랜차이즈시장은 하남돼지집이 휩쓸다시피 했고, 그 사이 '맛찬들왕소금구이'나 '육전식당', '화포식당' 등 두툼한 스테이크형 삼겹살전문점이 생기면서 본격적인 고급육시장이 시작됐다. 경기 불황을 소비 심리에 전면으로 깔고 들이닥치는 브랜드나 창업 아이템들은 늘 있어 왔기 때문에 무엇이 옳다 그르다의 판단보다는 무한리필 아이템이 가난한 시대의 상징으로 일시적인 유행에서 그칠 것인지, 점주의 역량과 브랜드만의 지속력, 가성비 트렌드에 맞는 무한리필의 시너지가 잘 어우러져 최소 5년 이상의 장기적인 미래를 그릴 수 있는지를 분명하고 냉철하게 판단해야 하는 것이다.

<표3> 삼겹살 트렌드의 변화

년도	내용	대표 브랜드
2017	무한리필 삼겹살 재등장	엉터리생고기 두 번째 이야기 삼겹싸롱·1988고기불패·최달포·돼지대학교·고기깡패·삼포집
2015	하남돼지집 가맹점 150여 개 달성	하남돼지집
2013	숙성삼겹살, 3cm스테이크 삼겹살	맛찬들왕소금구이·화포식당·육전식당

2010	쿰쿰한 멜젓에 찍어 먹는 제주삼겹살 고급육 내세운 한돈 브랜드	흑돈가 · 돈사돈 하남돼지집
2009	이색삼겹살	팔색삼겹살 · 떡삼시대
2008	연탄불에 구워 먹는 연탄불고기	새마을식당 · 빨간연탄불고기
2007	중 · 저가형 수입 삼겹살	구이가 · 돈데이 · 도네누
2006	모닥불에 바로 구워 내는 삼겹살	벌짚삼겹살 · 삽자루든돼지 · 3초삼겹살
2005	와인숙성삼겹살 · 된장숙성삼겹살 · 벌꿀삼겹살 등 수입산 숙성삼겹살	계경목장 · 와돈 · 등나무집 · 벌집한판 · 돈존
1998	저가 삼겹살	부산서면800원삼겹살 · 돈가야우가야
1996	돼지고기 뷔페	
1995	대패삼겹살	대박집
1993	솥뚜껑삼겹살	고향 솥단지삼겹살 · 놀부 솥뚜껑삼겹살
1991	소고기 뷔페 무한리필	엉클리 · 본전 소고기뷔페 · 청록소고기뷔페 · 월드 · 어울마당
1990	알류미늄포일 불판에 과자처럼 바싹	정육식당

2. 무한리필 삼겹살 브랜드의 필살 전략

삼겹살 무한리필전문점은 '고객이 고기 맛을 가장 먼저 안다'는 것이다. 이것은 반드시 질 좋은 고기로 승부를 보아야 한다는 얘기다. 그러나 질 좋은 고기를 무제한 제공하면서도 살아남기 위해서는 원육 만으로는 안 된다. 매출을 발생시키는 또 다른 무엇이 필요하다. 최근 삼겹살 무한리필 전문점에서 매출은 물론 경쟁력 향상을 위해 공들이고 있는 공통 요소들을 살펴본다.

첫째, 왜 9900원일까? 대부분의 무한리필 삼겹살 가격은 1인 기준 9900원 또는 1만원이다. 현재 수입산 삼겹살의 유통가는 1kg기준 평균 6000~7000원대다. 고깃집에서 제공하는 1인 정량을 150~180g이라고 가정했을 때 '1인 기준 9900~1만원'은 경영주 입장에서 '남는 장사'가 가능한 가격대인 것이다. 더구나 최근 삼겹살 1만3000원이 넘어가는 외식시장에서 무한리필 단돈 9900원은 고객에겐 부담 없는 가격으로 포지셔닝할 수 있는 메리트가 된다.

둘째, 달걀찜·된장찌개·떡볶이 등 사이드 메뉴 구성 전략으로 1인 9900원에 삼겹살 무한리필만 포함되는 것이 아니다. 브랜드별 차이는 조금씩 있지만 대부분 무한리필 삼겹살전문점에서는 9900원에 달걀찜과 된장찌개, 샐러드, 떡볶이 등의 사이드메뉴까지 무한리필로 제공하고 있다. 가성비의 총 결판으로 주머니 가벼운 학생들은 너도나도 선호할 콘셉트다. 그러나 이것도 하나의 전략이다. 사이드메뉴를 함께 제공하면 그만큼 고기 추가 주문율이 낮다. 고객은 '단돈 9900원에 푸짐하게 주는 착한식당'이라고 생각하지만 알고 보면 원가가 저렴해 푸짐하게 퍼줘도 많이 남는다.

셋째, 의외로 원육 상태의 우수성으로 전부 무한리필 삼겹살 키워드를 들고 나왔지만 목살과 전지, 가브리살, 항정살 등 특수부위까지 제공해 고객의 취향에 따라 주문할 수 있는 곳이 있는가 하면, 삼겹살만 취급하더라도 숙성법을 비롯해 훈연, 참숯 등 초벌구이를 달리하거나 생고기를 내놓기도 한다. 무엇을 선택할지는 결국 고객의 몫이다. 중요한 건 무한리필이라고 해서 싸구려 고기를 대충 판매하는 10년 전 무한리필이 아니라는 이야기다.

넷째, 소스도 조리고 된장도 끓이고 자체 고안한 불판의 특화성으로 불판 가운데를 뻥 뚫어 뚝배기를 올려 먹을 수 있도록 소스들을 더한 트윈소스 불판 등 자체 고안하여 주문제작한 불판들이 브랜드를 상징하는 차별화 아이템이 되었다. 시중에 없던 불판 하나로 고객은 재미와 특별함은 물론 정성까지 느끼게 한 것이다.

다섯째, SNS · 온라인 마케팅을 통한 젊은 고객의 유입으로 무한리필 삼겹살 브랜드들의 또 다른 공통점 중 하나가 바로 페이스북이나 인스타그램, 블로그 등 SNS나 온라인을 통한 홍보 · 마케팅에 적극적으로 열을 올리고 있는 점이다. 이는 무한리필 삼겹살의 타깃이 10대, 20대 젊은 학생들이라는 이야기다. '단돈 9900원에 삼겹살은 물론 여러 가지 사이드메뉴가 전부 무료!' 와 같은 문구는 불황속 구미가 당기는 제안이기 때문이다. 뿐만 아니라 삼겹살을 먹고 SNS 마케팅은 안하는 곳 빼고 다 한다. 마케팅은 역시 구전이 가장 빠르고 이 시대에 SNS 마케팅이 필수기 때문이다.

여섯째, 주거 지역, 2층 매장 등 B급 상권공략을 통한 수익률 상승으로 무한리필 삼겹살은 고객도 고객이지만 예비 창업자들에게도 가성비 탁월한 창업 전략이다. 불경기 소자본 창업이 불가피한 가운데 무한리필 삼겹살은 특성상 대학가나 주택가, 오피스 상권 상관없이 접근성이 탁월한 데다, '무한리필' 이라는 콘셉트를 내세우기 때문에 건물 2층에 입점해도 눈에 띌 수 있다. 싸고 맛있고 서비스 좋은 곳이라면 고객은 찾아오게 된다. 권리금, 임대료를 낮추고 수익분기점을 하향화해 가맹점주들이 충분한 수익을 낼 수 있도록 한 것이다.

1) 무한리필 삼겹살의 경쟁력

육류업계는 물론 외식창업 전문가들과 업종별 외식업 경영주, 육류 생산·유통 관계자들이 무한리필 삼겹살 시장을 바라보는 시각은 각각 너무나 다르다.

스타트비지니스 소장은 수입산 무한리필 삼겹살을 두고 '불황기 주머니 가벼운 소비자 니즈에 부합한 아이템임을 강조한 것이고, 가난한 시대의 상징이자 산물이라고 하지만 이는 철저히 수입산 유통업자가 수입산 돼지고기 판매량을 늘리기 위해 만들어낸 명분일 뿐이라고 이야기한다. 경기 불황을 소비심리 전면에 깔고 들이닥치는 브랜드나 아이템은 늘 있어 왔고 구매 여부를 선택하는 몫은 소비자에게 있다. 또한 저가형 무한리필 삼겹살이 소비자가 원하는 스테디셀러 아이템이었다면 두 번의 흥망성쇠도 겪지 않았을 것이다.

보릿고개 시절 지난 지가 언제인데 싸게 줄 테니 배터지게 먹으라는 전략이 통할 리가 없다. 오히려 시대를 역행하는 아이템으로 IMF때를 제외하고 가격만 밀어붙여 성공한 사례가 없다. 더구나 2018년은 가치소비의 시대다. 현재 시장에 나오고 있는 무한리필 삼겹살집 정도의 인테리어와 분위기, 사이드메뉴는 기본 중 기본이다. 독자적인 아이템이나 콘셉트, 브랜딩에 대한 본사의 지속적인 투자가 없으면 반복구매는 없을 것이다. 그러나 최근 무한리필 삼겹살은 10년 전 싸구려 고기뷔페와는 성격이 전혀 다르다. 우선 고기 품질이 월등히 좋아졌다. 우선 30~40%에도 못 미쳤던 수입산 돈육이 현재는 100점 만점에 70점까지는 거뜬히 올라가는 수준이 되었으며 그동안 저가형 무한리필이나 고기뷔페집들의 단점이었던 구식 인테리어와 싸구려 원육, 허접한 사이드메뉴 구성 등의 문제를 보완해 나온 게 현재의 무한리필 콘셉트다. 새로운 수익모델이라고 봐야 하는 이유다. 무엇보다 단돈 1만원에 삼겹살과 각종 사이드메뉴를 무한대로 제공하는 '퍼주기식 콘셉트'가 소비자들에겐 가성비 요소로 더할 나이 없는 조건이 된 것이다.

2) 1990년대 무한리필보다 품질 업그레이드

최근 1년 사이 론칭 한 다수의 무한리필 삼겹살 브랜드는 사실 타깃 층이 확실하다. 주머니 가벼운 10대나 20대 대학생들과 비교적 저소득층에 속하는 고객들이다. 단돈 1만원에 삼겹살이든 된장찌개든 푸짐하게 제공하고 보자는 착한식당의 콘셉트를 표방한다는 점이다. 무한리필 삼겹살에 부정적인 일부 전문가에 대해 무한리필 삼겹살 본사에서는 가성비의 기준은 연령별, 기호별, 외식경험이나 횟수 등 다양한 요인에 따라 다르다. 무한리필 삼겹살전문점의 주요 입점 상권은 주택가나 대학가다. 푸짐한 구성을 선호하는 주부 고객이나 학생을 겨냥한 것이다. 삼겹살시장의 다양화에 주목해야 하는 것이지 천편일률적인 기준으로 특정 시장을 평가 절하하는 건

의미 없다. 이는 모든 소비자가 유명 셰프의 요리를 먹고 파인다이닝 레스토랑을 찾지 않는다는 현실을 직시할 필요가 있다.

반면 수입산 돈육 업계는 숨통을 좀 트는 분위기다. 국내산 돼지고기의 경우 구제역 파동이 아직까지 채 가시지 않은 상태인 반면 수입산 육류는 콜레라 변수에서 비교적 자유로워졌다. 또한 예전처럼 수입산 돼지고기 품질에 대한 막연한 불신이나 저항감도 현저히 줄어든 평이기 때문에 수입 유통업자들에게 무한리필 삼겹살시장은 생산·유통량을 늘릴 수 있는 기회다. 더구나 국내산 삼겹살은 현재 1kg당 1만4000~2만원대, 흑돼지나 제주산 돼지의 경우 3만원 이상 까지 치닫고 있는 가운데 수입산 냉장은 1만원, 냉동은 6000~7000원대로 크게는 1/3가량 저렴하기 때문에 원가 경쟁력에서도 수입산이 우위에 있다. 1인당 9900원이나 1만원 초반대 가격을 받고 수입산 냉동육을 무한리필로 제공해도 경영주 입장에서는 순익을 충분히 남길 수 있는 구조다.

수입육류 유통전문업체 ㈜미트프라임푸드시스템 대표는 한국은 다른 나라와 다르게 육류에서만큼은 이상하리만치 한우와 한돈을 고집하는 경향이 많다고 강조한다. 두 시장이 조화롭게 성장해 전체 육류 시장이 활성화되어야 한다. 그런 의미에서 이번 무한리필 삼겹살 아이템이 수입산 돈육시장의 활로로 이어질 수 있다는 점에서는 고무적인 일이다. 삼겹살 무한리필에 대한 업계의 입장이 다양하게 나누어지고 있는 가운데 한 가지 공통점이 있다. 무한리필 아이템이 롱런하려면 기존과는 다른 방식으로 풀어야 한다. 무한리필 자체에만 의존하지 않고 이를 좀 더 차별화된 방법으로 포장할 필요가 있다. 상권 특성에 맞게 점심엔 식사메뉴를 1인상으로 풀어내고, 저녁 시간의 경우 고기 품질을 좀 더 업그레이드해 '인원수대로 삼겹살 주문 시 2인분 무료'와 같은 식의 서비스를 한다면 고객도 메인메뉴의 가치를 느끼고 가맹점주도 즐겁게 장사할 수 있을 것이다.

맥세스컨설팅의 대표는 "12시간 영업 중 12시간 무한리필은 고객도 매력을 못 느끼는 무엇보다 경영주가 지치는 시스템임을 강조한다. 무조건 순익을 보장할 수 있는 영업 전략으로 가야 한다고 주장한다. 고객이 많지 않은 시간인 오후 3시까지 '반짝 무한리필'로 추가매출을 높이거나, 반기별로 한 번씩 무한리필 제품을 라인업 하는 등 무한리필이라는 전략 안에서의 디테일한 변화와 시도는 반드시 필요하지만 전체적인 주 메뉴를 무한리필로 하는 것에 대해 반대한다. 무엇보다 한때 공격적으로 파이를 넓혀가다가 공급가 폭등으로 한순간에 무너진 등갈비 무한리필시장의 전철을 밟지 않을까 하는 우려가 가장 크다. 저가의 수입산 등갈비에 모차렐라 치즈와 매운 양념을 얹은 등갈비 무한리필전문점이 한동안 뜨거웠다. 그러나 우후죽순 생겨나는 짝퉁 브랜드의 남발과 질서 없는 양적 팽창으로 공급가 폭등, 재료 코스트를 맞추지 못하면서 많은 가맹점들이 고비를 맞았다. 등갈비 무한리필 아이템 자체는 신선했으나 온갖 미투 브랜드들이 달려들어 '그들끼리 경쟁'에 합류하면서 밥그릇 싸움으로 이어졌고, 결국 '거저'에 가까울 정도로 저렴했던 수입산 등갈비 가격이 오르자 한 번에 무너진 것이다. 물론 삼겹살은 등갈비와 다르게 아주 오랜 시간 한국인의 소울푸드로 자리매김했고 그만큼 친숙한 국민육류라는 메리트를 갖고 있지만, 시장질서가 무너지고 수많은 가맹점이 한꺼번에 죽는다면 아무리 훌륭한 아이템이라도 결국 자멸할 수밖에 없다.

3) 미투 브랜드 남발 '그들만의 경쟁' 한돈 수입육 시장

수입산 무한리필 삼겹살의 등장으로 한돈과 수입산 돈육이 균형 있게 성장하고 공생하며 국내 육류시장이 조화롭게 발전해가는 것이 외식산업 내 돈육시장이 다양해지고 그만큼 소비자의 선택권이 넓어졌다는 점에선 고무적이다. 본사마다 브랜드력과 자립력, 독자적인 시스템·노하우를 지속적으로 유지하지 않으면 무한리필 브랜드 전체가 흔들릴 수 있다. 그동안 프랜차이즈시장에서 무한리필 육류 아이템이 롱런할 수 없었던 것은 안정적인 물류 공급이 어려웠기 때문이다. 현재 무한리필 브랜드들은 각자의 유통 노하우로 균일한 품질의 원육을 일정한 가격에 공급하여 가맹점주들은 매장을 안정적으로 운영 할 수 있고 고객은 365일 맛있는 고기를 먹을 수 있어 실용적인 아이템이 되었다. 특히 원육 품질과 아이템에 대한 고민 없이 가맹점 확장에만 혈안이 돼 본사만 배불리는 브랜드가 난립하는 부분에 대해선 모두가 어려운 시기인 만큼 본사도 가맹점주도 또 고객도 웃을 수 있는 무한리필시장을 함께 만들어 갈 수 있는 풍토를 만들어야 한다. 지금까지 국내 무한리필시장에서 발견한 공통점은 흥망성쇠의 파고가 높았다는 점이다. 즉 집중적으로 몰릴 때와 썰물처럼 빠져나갈 때의 차이가 두드러지며 그 간격도 상당히 짧았다는 점에서 특징을 갖는다. 그렇다면 무한리필 삼겹살은 얼마나 오래갈까? 현재 시장에 나와 있는 무한리필 삼겹살 전문점들이 어떻게 하느냐에 따라 달렸다. 반면교사라는 말이 괜히 있는 게 아니다. 예전 무한리필 고기시장이 왜 망했는지 분석해 똑같이만 하지 않으면 된다. 1990~2000년대 초반 저가형 삼겹살집에서 판매하는 대패삼겹살은 대부분 질 떨어지는 싸구려 모돈 이었다. 특유의 누린내와 퍽퍽한 질감을 감추기 위해 냉동시켜 슬라이스해 팔았다. 삼겹살이 하향 평준화되면서 '저가형·서민형' 육류의 아이콘이 된 것도 시작이 그러했기 때문이다. 또한 당시 반짝 뜨는 브랜드가 보이면 너도나도 카피해 짝퉁 브랜드를 만들었다. 저가 브랜드는 오로지 가격으로만 승부하니까 카피가 쉬운 것이다. 기술과 노하우, 독보적인 한 방이 없으니 동질화 현상이 빈번하고 아류 브랜드가 판을 치는 것이다.

적어도 하나의 외식시장이 형성될 때 어느 정도 진입장벽의 어려움도 있어야 하고 그만큼 고객도 브랜드를 경험할 때 가치를 느껴야 하는데 전문화된 영역과 브랜딩 작업이 없으니 생겼다 하면 1년 반짝하고 공멸이다. 대한민국에서 정말 배고파서 고기 배터지게 먹으러 가는 사람들은 많지 않다. 단돈 5000원을 쓰더라도 나름의 가치와 명분을 만들어 쓰는 게 요즘 시대다. 전략과 철학을 만들어 브랜딩 해야 하는 이유다. 한때는 무한리필이 가난한 대학생에게는 주효한 아이템의 대명사였다. 맞는 말이기도 하고 틀린 말이기도 하다. 그것도 학생 개개인에 따라 다르다. 대부분의 학생들이 아르바이트로 돈 벌고 부모님에게 용돈 받기도 해서 100만원을 오롯이 자기 몫으로 쓰는 것이 현실이다. 학생들 주머니 사정이 어렵다는 것은 옛 이야기다. 오죽하면 엄카(엄마카드), 아법카(아빠법인카드)라는 신조어까지 생겼을 정도다. 고정관념 버리고 품질과 가치를 만들어야 한다. 그렇다고 무한리필 아이템 자체가 나쁘다는 게 아니다. 무한리필 전략을 좀 더 구미에 당기도록 세련되게 구상해야 한다는 점이다. 그렇다면 국내 육류 프랜차이즈 시스템 무엇이 문제인가? 공급이 문제다. 국내산 돈육의 경우 2011년 구제역 당시엔 가격이 폭등하다 못해 수급마저 어려워 육류 전문점 경영주들이 애를 먹었다. 국내산 양돈업자들은 가격이 올라가면 목에 힘이 들어가고 가격이 내려가면 풀이 죽는다. 반면 수입산은 가격 변동이 잘 없고 수급도 일정하다. 또한 삼겹살이 한국인의 영원한 스테디셀러 아이템이다 보니 개인 업소는 개인 업소대로, 프랜차이즈 대표들은 그들대로 어떻게 하면 삼겹살로 돈을 벌어볼까 고민한다. 당장 돈벌이가 된다고 해서 불나방처럼 달려들지 말고 원육이든 불판이든 숙성 방식이든 칼집이든 양념이든 콘셉트든 많은 고민이 요구되는 시대이다. 현재 무한리필 삼겹살 브랜드가 숙지해야 할 부분으로 무한리필을 통해 장기간 부가가치와 수익을 창출할 수 있는 방법이 필요한 시대이다. 무한리필은 매장 내 오퍼레이션 시스템이 완벽하지 않으면 답이 없다.

점주가 고객 동선과 원가 관리, 재고 등을 제대로 파악해서 관리해야 한다. 샐러드바나 서비스로 제공하는 사이드메뉴도 관리가 안 돼서 망하는 경우가 많다. 그 정도 오퍼레이션과 노하우를 전수해

줄 수 있는 본사 능력이 되는지도 살펴봐야 한다. 그렇지 않고서는 가치소비가 만연시되고 있는 현 사회에 역행하고 있는 아이템이 될 수 있다. 그렇다면 무한리필 삼겹살이 커피·주스 전문점부터 시작해 각종 무한리필 전문점·포차 등 저가 아이템이 주목받고 있는 환경에서 그중 무엇보다, 만원으로 무한정 먹을 수 있으면서 적법한 해동기술로 퀄리티를 유지하고 있는 무한리필 삼겹살 전문점은 기존 삼겹살 시장을 위협할 정도로 인기를 얻고 있는 이유는 무엇일까. 이는 국민외식 아이템으로 선호도가 높기 때문이다. 삼겹살은 대표적인 국민 외식 메뉴로 경기가 좋든 나쁘든, 돈이 적든 많든 간에 인기가 꾸준한 아이템이다. 가장 큰 강점은 돼지고기 부위 중 단연 뛰어난 풍미. 직장인들에게는 더할 나위 없이 좋은 안주로, 가정에서는 저녁 식탁의 밥반찬으로 알맞다는데 있다. 특히 칼로리가 높고 건강에 좋지 않은 것으로 생각하기 쉬우나, 다른 육류에 비해 비타민B군, 단백질, 인, 칼륨, 철분 등 각종 미네랄이 풍부해 젊고 탄력 있는 피부를 유지시켜 주고 성장 발육, 철 결핍성 빈혈, 간장 보호와 피로회복에도 좋기 때문이다.

삼겹살이 대중에게 널리 퍼진 계기에는 여러 가지 설이 있다. 1960년대 소주 값이 하락하면서 저렴한 돼지고기를 안주로 먹게 되었다는 설과 건축 현장에서 슬레이트에 돼지고기를 구워먹으면서 퍼졌다는 설, 삼겹살을 먹으면 목안에 끼인 먼지를 씻어 내린다고 해 광부들이 자주 먹었다는 설 등이 있는데 맛있는 삼겹살을 저렴하게 먹게 되면서 자연스럽게 널리 퍼졌다는 이야기가 타당하다. 삼겹살의 트렌드는 1990년 이전까지는 저가 냉동 삼겹살 1990년대부터는 순식간에 와인 숙성 삼겹살 등의 숙성삼겹살이 인기를 끌었고 최근 드라이에징 숙성 삼겹살과 제주삼겹살 등의 프리미엄 삼겹살까지 다양한 변화를 거쳤다. 여기에 저가형·무한리필 삼겹살 전문점의 등장은 트렌드 변화의 새로운 국면이라고 할 수 있다.

3. 저가형 무한리필 삼겹살, 브랜드를 이끄는 선두 브랜드

최근 1~2년 사이 삼겹살 무한리필 브랜드가 많이 생겨났다. 얼추 손으로 꼽을 수 있는 삼겹살 브랜드만 20여 가지일 정도다. 전문가들은 가지각색 아류 브랜드까지 더해 50~60개까지 늘어난 것으로 보인다. 살아남는 브랜드보다 경쟁력 없이 퇴보하는 브랜드가 많을 것이라는 우려도 크다. 무작위식 남발보단 나름의 차별성과 독자적인 경쟁력을 갖춰 진입해야 한다. 무한리필 삼겹살 브랜드 반짝하고 사라지는 한때 아이템이 아닌, 가맹점주도 소비자도 모두 행복한 '가성비' 창업이 가능한 대표 브랜드업종을 살펴보면 다음과 같다.

1) 20년 육류 노하우로 무한리필 승부수 〈엉터리생고기〉

〈표4〉 엉터리생고기의 경쟁력

경쟁력	• 무한리필 삼겹살 시초, SNS 마케팅으로 고객 유입 • 서비스나 사이드메뉴 간소화, 오로지 원육에 집중 • 엉터리생고기 브랜드 인지도로 충성고객 형성 • 20년간 지켜온 탄탄한 관리·유통 시스템	
창업비용	창업비용(30평 기준)	1억 원
	원가율	원육29% 전체50%
	객 단가	1만 원대 초반
	테이블 단가(2~3인)	3~4만원
	인건비	20%
	주문 메뉴	무한리필 고기 ,냉면, 육회
	육류 평균 리필 횟수	2~3회

20년 노하우로 국내산 생고기를 저렴하게 판매해 온 엉터리생고기의 ㈜영마루는 지난 2015년4월 삼겹살에 특화된 무한리필 브랜드 '엉터리생고기 두 번째 이야기'를 선보였다. 1만원에 삼겹살과 된장찌개를 무제한 제공한다는 콘셉트로 부천 원종사거리에 직영점을 문 열었을 때 최근 활성화된 무한리필 삼겹살시장이 아직 형성되기 전이었다. 즉 직영점 문을 열었을 땐 최근 활성화된 무한리필 삼겹살시장이 아직 형성되기 전이었다. 즉 불경기에 소비 심리가 위축되는 현상에서 무한리필 삼겹살을 내놓게 되었다며 기존의 엉터리생고기가 학생들이 소고기를 배부르게 먹을 수 있는 곳이었다면 두 번째 이야기는 돼지고기를 양껏 먹여 보자는 생각에서 출발했다. 주머니 사정 가벼운 학생들이 고기를 배부르게 먹을 수 있는 곳이라는 점에서는 변함이 없다. 실제로 학생층 고객이 70%이상을 차지하고 있다.

메뉴는 간단하다. 삼겹살과 된장찌개를 1인당 1만원에 무제한 제공하고 파채와 쌈 채소, 콩나물, 김치 등 기본 차림은 셀프바를 이용하도록 했다. 사이드메뉴는 육회와 우삼겹 등 매장별 점주 선택에 따라 달리할 수 있다. 된장찌개는 엉터리생고기 때부터 오랫동안 유지해온 레시피를 각 매장에 전수하고 있다. 고깃집은 고기가 맛있어야 한다는 소신으로 지금까지는 서비스메뉴를 간소화하고 고기의 질을 높이는 데 집중했다. 두번째이야기의 가장 큰 경쟁력은 20년 가까이 이어 온 고기 유통 노하우로 원육을 안정적으로 공급받아 납품할 수 있다는 점이다. 이틀에 한 번 수입해 서울·경기 지역 매장은 주2회, 지방으로는 주 1회 직배송하고 있다.

엉터리생고기 두 번째 이야기의 가맹점 평균 월 매출은 7000만~8000만원이며, 수익률은 20~25% 정도로 2개 이상의 매장을 운영하고 있는 점주도 많다. 이곳 대표가 직접 고안한 뚝배기 불판은 불판 한가운데 된장뚝배기를 올릴 수 있도록 구멍을 뚫어 제작한 것으로 엉터리생고기 때부터 사용해 왔다. 어느 좌석에서도 먹기 편해 졌을 뿐 아니라 고기를 구우며 찌개를 계속 끓일 수 있어 식을 염려가 없다.

2) 국내산 명품 얼룩돼지고기로 품격 있는 무한리필
〈고기꾼 최달포〉

〈표5〉 최달포 경쟁력

경쟁력	• 명품 한돈 품종인 얼룩돼지로 원육 차별화 • 돌산갓물김치국수와 속초코다리비빔국수 등 선육후면에 탁월한 면 요리 강화

	• 갈매기살, 가브리살 등 특수부위 한정판매로 마니아층 확보	
	• 다비육종과의 독점 계약으로 연간 고정단가로 안정적 원육 공급	
창업 비용	창업비용(40평기준)	7000만원
	원가율	원육30% 전체40~44%
	객 단가	2만원
	테이블 단다(2~3인)	5만원
	인건비	16~17%
	주문 메뉴	무한리필 고기, 돌산갓물김치국수
	육류 평균 리필 횟수	2.5회

'고기꾼 최달포(이하 최달포)'는 폭풍처럼 쏟아지는 무한리필 삼겹살시장에서 수입산 대신 국내산 돼지고기를 사용하는 몇 안 되는 브랜드다. 한돈 중에서도 명품 품종만 생산하는 다비육종과 독점 계약으로 신품종인 얼룩돼지(YBD)를 공급받는다.

최달포는 무조건 양으로만 승부하기보다 원육 품질의 경쟁력을 내세워 여느 무한리필전문점들과 차별화하고 있다. 주머니 가벼운 학생 대신 가족 단위와 직장인을 타깃으로 하고 있으며 가격도 런치와 디너별 각각 1만3900원, 1만5900원으로 책정했다. 여느 무한리필 브랜드보다 30~40% 비싼 가격이지만 이는 원육 품질과 무한리필의 장점을 동시에 확보하기 위한 '접점'으로 최달포를 찾는 고 개들은 가격대비 메뉴 상품력과 구성에 대한 만족도가 높은 편이 다.

1인 1만5900원은 오로지 돼지고기만 포함시킨 가격이다. 셀프주 먹밥이나 날치알계란찜, 오모리찌개, 돌산갓물김치국수 등 사이드메 뉴는 3000~4000원에 구성했다. 부담 없는 가격으로 70~80% 이상 이 주문한다.

최달포의 가장 큰 강점은 품종 차별화를 통한 원육 퀄리티다. 현 재 다비육종에서 받고 있는 원육은 백돼지와 흑돼지 종자를 반반 섞은 신품종 얼룩돼지인데, 부드럽고 연한 백돼지와 육질이 쫄깃쫄 깃하면서도 짭짤하고 고소한 풍미가 강한 편인 버크셔K 흑돼지의 강점을 절반씩 섞어 놓아 부드럽고 고소한 맛이 뛰어나다. 삼겹살 과 목살 부위는 물론 구이용보다 양념육이나 볶음용으로 주로 사용 하는 전지나 후지도 부드럽고 풍미가 좋아 구이메뉴로 상품화 할 수 있다.

현재 최달포 본사는 다비육종과 독점 계약으로 일반 돼지고기보 다 20%가량 저렴한 가격에 얼룩돼지를 공급받는다. 계약상 고정 단가에 원육을 공급받는 것을 원칙으로 하고 있기 때문에 가맹점 납품가도 안정적으로 유지할 수 있는 것이 가장 큰 강점이다.

경기도 성남의 최달포 직영점은 148m²(45평) 규모에서 월 8000~1억원 정도의 매출을 꾸준하게 유지하고 있다. 고기 리필은 테이블당 평균 두 번, 원육 코스트는 전체 28~30%정도 차지한다. 일반 삼겹살전문점의 원육 코스트보다 5~10%가량 높은 편이지만 돼지고기를 제외한 나머지 찬류는 셀프 시스템이기 때문에 인건비를 절감할 수 있다.

3) 젊은 입맛 겨냥한 사이드메뉴 〈삼겹싸롱〉

〈표6〉 삼겹싸롱 경쟁력

경쟁력	• 저가 사이드메뉴로 추가 매출 상승 • 두 가지 이색 소스를 끓여 먹을 수 있는 트윈소스 불판 제작 • 제1브랜드인 화통삼 시스템으로 안정적인 물류 공급 • 주거 지역 내B급 상권 공략, 수익분기점 하향화

창업비용	창업비용(30평기준)	8400만원
	원가율	원육25% 전체30%
	객단가	1만1000~1만2000원
	테이블 단가(2~3인)	35000원
	인건비	20%
	주문 메뉴	무한리필 고기, 추억의도시락
	육류 평균 리필 횟수	2~3회

2012년 11월 화덕 통삼겹살전문점 화통삼을 처음 선보인 ㈜행복한상상에프앤비가 2016년 2월 삼겹살 무한리필 브랜드 '삼겹싸롱'을 새롭게 론칭했다. 국산 돼지고기를 판매하는 화통삼과 경로를 달리해 또 하나의 삼겹살 브랜드를 만든 것이다. 삼겹싸롱은 3월부터 본격적으로 가맹점을 내기 시작했으며 2016년 현재 42개 매장이 문을 열었다.

삼겹싸롱은 1인당 9900에 참숯초벌구이 삼겹살을 무제한 즐길 수 있다. 불판 한쪽에 소스를 담을 수 있도록 틀을 입힌 트윈소스 불판은 자체 주문 제작한 것으로 크레이지핫, 허니스위트 등 두 가지 육장 소스를 부어서 졸여 먹을 수 있다.

주 고객층은 20~30대. 2000~3000원의 부담 없는 가격에 제공되는 사이드메뉴가 젊은층 입맛을 겨냥, 부가 매출을 높이고 있다. 소시지와 떡갈비 등 구울 거리와 버터간장밥, 알밥, 추억의 도시락, 철판치즈볶음밥, 골빔면 등 식사류도 특색 있게 구성했다. 낮 시간대의 주 고객은 학생들이다. 고깃집은 주로 저녁 장사 위주이지만 학생들도 주머닛돈으로 고기를 양껏 먹을 수 있어 낮에도 일정 수준의 매출을 올릴 수 있다.

기존 화통삼의 유통 시스템은 삼겹싸롱에 경쟁력을 더하고 있다. 화통삼만의 노하우로 염지와 숙성 과정을 거친 가공육이 주 3회 매장에 납품되고 있으며, 물류 공장을 구비하고 있어 공급도 안정적이다. 무한리필 삼겹살시장은 저가로 양질의 고기를 제공하기 위해 대부분 냉동 수입육을 사용하고 있는데 염지는 혹시 모를 냄새 제거와 풍미를 살리기 위해서다. 매장에서는 고객에게 제공하기 전 고온참숯초벌을 통해 2차 냄새 제거와 촉촉한 육즙을 살린다. 삼겹싸롱은 홍대나 건대 등 소위A급 상권에서는 매장을 보기가 쉽지 않다. 외식업계가 어려운 만큼 창업비용을 낮추기 위해 주거 지역 중심으로 가맹점 사업을 펼치고 있기 때문이다. 오픈 비용이 낮아진 만큼 손익분기점도 낮아졌으며 학생은 물론 지역민들의 접근성이 높아 월평균 매출 8000~9000만원에 25~30% 정도의 수익률을 올리고 있다.

그렇다고 가격이 저렴하다고 상품까지 저렴한 걸 제공하는 것은 아니다. 10년 전 고기뷔페시장의 경우 단가를 맞추기 위해 질 나쁜 고기를 쓰면서 소비자들이 등을 돌렸지만, 원육 품질과 푸짐한 양을 동시에 충족한 무한리필 삼겹살시장은 탄탄한 노하우를 바탕으로 설계됐다.

4) 스페인산과 저온 숙성 돼지고기 맛 〈1988고기불패〉

〈표7〉 1988고기불패 경쟁력

경쟁력	• 삼겹살·목살·갈매기살·껍데기 등 다양한 돼지고기 부위 제공 • OEM을 통한 대량 생산으로 원가 낮춘 양질의 샐러드 서비스 • 연간 계약, 직수입 등 단출한 수입 채널로 원육 원가 절감 • 권리금, 임대료 낮춰 2층 매장 공략한 소자본 실용 창업	
창업비용	창업비용(30평 기준)	5000~6000만원
	원가율	원육20%이하, 전체30%
	객 단가	점심 1만원 저녁 1만3000~1만4000원
	테이블 단가(2~3인)	4~5만원
	인건비	10%
	주문 메뉴	무한리필 고기, 냉면, 찌개, 점심(숯불고기정식, 불오징어정식)
	육류 평균 리필 횟수	2~3회

'1999고기불패(이하 고기불패)'는 1990년대 후반의 향수를 불러일으키며 인기리에 방영되었던 TV드라마 '응답하라 1988'에 착안해 서민층이 고기를 배불리 먹기 힘들었던 시절을 떠올리며 만든 브랜드다. 스페인산 듀록을 초저온 숙성해 풍미를 살린 삼겹살뿐 아니라 목살, 갈매기살, 껍데기를 무제한으로 제공하면서 매장도 불패의 매출을 달성하자는 뜻을 담았다.

고기불패는 창업 전문 요리학원 정성쿡에서 지난 2016년12월 홍대직영점에 처음 선보였다. 이후 2017년 초 본격적으로 가맹점을 오픈하기 시작해 현재 20개 매장이 문을 열었으며 7개월 동안 3번의 리뉴얼을 마쳤다. 109m²(30평) 매장 기준 일평균 매출은 200만원, 수익률은 35% 정도를 내고 있다.

고기불패는 피크타임인 저녁 시간대나 주말 및 공휴일 기준 1인당 1만1900원에 부위별 돼지고기를 무제한 즐길 수 있다. 기본 한판으로 제공되는 삼겹살, 목살, 갈매기살, 껍데기를 맛본 후 리필시에는 원하는 부위를 주문하면 된다. 무제한으로 이용 가능한 샐러드 바에는 고구마무스, 단호박샐러드, 갈릭파스타, 커리퓨질리, 콘샐러드, 푸딩 등을 푸짐하게 구성했다. 눈에 띄는 점은 구운 고기를 넣고 핫도그를 만들어 먹을 수 있도록 핫도그 빵을 제공하는 점이다. 여성고객에게 인기가 좋다.

주류도 1인당 4900원에 무제한 제공한다. 무한리필 삼겹살집을 찾는 고객 대부분이 술보다는 고기에 집중하기 때문에 1인 4900원에 각종 주류를 무한리필해도 가맹점주 입장에서는 결코 손해보는 일이 없다.

매달 컨테이너로 직수입해 들여온 고기는 양주의 숙성 공장에서 일정 기간 숙성을 거쳐 각 매장으로 납품된다. 샐러드 또한 OEM으로 조리 배송되어 대량 생산을 통한 원가 및 인건비절감 등으로 매장에서 개별 조리 시보다 15~20% 정도의 원가가 절감되고 있다. 매장에서도 납품 당시의 숙성 상태를 유지하기 위해 숙성고를 겸비하고 있으며 고객에게 나가기 전 초벌구이 과정을 거치는데 숙성 고기와 샐러드는 모두 진공 포장된 상태로 납품 되어 전 매장에서 일정한 맛과 품질로 고객에게 제공된다.

1988고기불패는 정성쿡 요리학원 교육생들을 대상으로 가맹점을 내고 있어 별도의 가맹비는 없으며 연간 교육과 리모델링 등 꾸준한 관리를 통해 불경기 속에서도 고기업계 불패의 매출을 달성하고 있다.

4. 국민육류 삼겹살의 매출 현황과 트렌드

1) 육류 외식시장 실사업 활로, 저지방 삼겹살 상품화

개성있는 정육점에서 육류외식시장의 新사업 활로를 튼 국민삼겹살은 정육점 2.0 버전에 주목해야 한다. 그 이유는 정육시장의 변화가 육류외식업계에도 상당한 영향을 미칠 것이기 때문이다. 최근 각광 받고 있는 정육점들은 저마다의 개성과 창의적인 콘셉트로 하나의 新시장을 만들고 있다. 신선한 원육을 다양한 방식으로 숙성·작업해 수십 가지의 패키지와 메뉴로 만들어내고 개성 있는 육가공·PB제품 구성으로 부가수익을 전략적으로 창출하고 있으며, 매장에서 직접 만든 반조리 식품과 테이크아웃용 간편식 판매로 1인 고객까지 확보하고 있다. 그만큼 숯불에 생고기를 올려 구워 먹는 게 전부인 국내 육류외식시장에서 접목할 만한 창의적인 요소들이 무궁무진하다는 이야기다. 고깃집 운영뿐 아니라 원육과 기타 육가공 제품들을 다채롭게 활용함으로써 새로운 창업 아이템과 사업 모델을 끌어낼 필요가 있다.

정육점 2.0 시대의 도입은 정육점이 본격적으로 시스템화된 2013

년 무렵. 축산물 종합쇼핑몰인 '다하누AZ쇼핑'을 시작으로 '선진포크프라자', '착한고기' 등 정육점 또는 정육식당을 모티브로 한 브랜드 매장들이 프랜차이즈 시장에 뛰어들면서 부터다. 이어 새로운 버전의 정육점이 문을 열었는데 당시 10여 년 이상 육가공·생산·유통업을 해온 (주)정직한고기총각에서 론칭한 '정직한고기총각' 이다. 본사 CK에서 작업한 육류를 각 가맹점으로 일괄 공급, 육류발골 전문기술자 없이 부위별 소분 포장만으로 운영할 수 있는 시스템을 표방했다. 실력 좋은 육부장을 들이는 데 비싼 인건비를 지출할 필요도 없고 일정한 공급체제로 균일한 육류 품질까지 유지할 수 있어 당시 정직한고기총각은 정육점뿐 아니라 많은 육류전문점들의 벤치마킹 대상이 됐다.

정육점 2.0 시대의 발판이 된 브랜드는 2014년 문을 연 '감성고기' 다. 감성고기의 모토는 한 마디로 'Return Original'. 육류에 대한 해박한 지식과 작업 노하우를 겸비한 전문 기술자를 두고 매장에서 작업과 동시에 판매하는 본래의 정육점 콘셉트를 살렸다. 감성고기에 이어 본앤브레드와 두뿔이야기, 에이징룸, 정육각, 고기에 반하다, 부처스레드, 킬로그램, 낭만정육점 등 서울·경기 지역을 필두로 부산과 김해, 창원 등 지방까지 저마다의 개성과 차별화 전략을 내세운 신개념 정육점 브랜드가 생겨나기 시작했으며, 이들 역시 전문 정육 기술자를 둔 오리지널 정육점의 형태를 고수하고 있다.

숙성·정육기술 전문화에서 저지방육 상품화를 바탕으로 기존 정육점과 달라진 점은 숙성·작업 기술의 차별화다. 다양한 숙성 기술로 원육 패키지 종류를 세분화한 데다 개성 있는 육가공 제품 구성으로 기존 정육점보다 훨씬 더 전문화, 체계화됐다. 단순히 고기한 근 두 근 떼어 팔던 단순 판매업에서 정육인의 기술과 노하우를 완벽하게 살린 '전문 정육점', 또는 다양한 품종과 특성의 원육을 활용해 다채로운 맛을 내는 '능동형 정육점'으로 변신하고 있는 것이다.

드라이에이징의 경우 원육 등급이나 부위, 지방과 단백질 함유량이나 조리 방법 등에 따라 숙성 방식과 온도, 기간, 습도 등을 조절해 고객 개개인의 취향과 니즈에 맞는 맛과 식감을 다채롭게 구현한다. 질 좋은 원육을 선별한 후 판매하는 데서 그치는 것이 아니라 디테일한 숙성 기술을 연구해 부위마다 최상의 풍미와 질감을 끌어내는 데 주력한 것. 그렇다 보니 지방보다 단백질과 근섬유가 발달된 한우암소나 육우와 같은 저지방육을 상품화하고 소비할 수 있다는 선순환도 이루어진다. 지방이 많고 부드러운 고기만 최고로 치는 소비자의 인식이 다양한 종류의 원육으로 분산되기 시작했다.

육가공 PB상품 활성화를 위해 고깃집 실속 운영 노하우가 요구되는데 정육점 2.0시대의 강점은 다양한 PB제품의 활성화다. 2013 축산물위생관리법 개정으로 정육점에서 정육과 함께 부수적인 육가공 제품을 제조·판매하는 것이 가능해지면서 양념육뿐 아니라 국거리와 사골국, 소스, 선물용 육류패키지, 햄·소시지 등 개성 있는 패키지 상품들을 구성하기 시작했다. 구이용 원육이나 국거리를 사러 왔다가 국물 베이스나 양념, 기타 부재료까지 동시에 구매해갈 수 있는 '원스톱 육류 백화점' 같은 공간을 구현한 셈이다.

에이징룸은 고급 숙성육과 잘 어울리는 다양한 종류의 고급 소금과 소스, 오일, 매장에서 직접 만드는 독일식 수제 소시지와 햄 등을 구성하고 있으며 원하는 고객에 한해 육류 마리네이드 서비스까지 제공한다. 테이크아웃용으로 일본식 돈가스 샌드위치뿐 아니라 매장에서 직접 만든 라구소스, 수제 티라미수까지 종류가 다양하다. 바른고기 파는 집는 15년간 운영해온 육류생산·유통업체 명가푸드에서 오픈한 곳으로 그동안의 육가공 노하우를 살려 생산한 각종 국물 제품과 소스, 다양한 포장육을 선보인다. 서울 성산동 소금집은 30여 가지의 훈연 햄과 소시지, 베이컨을 만들어 온·오프라인으로 활발하게 판매하고 있다.

정육점 PB상품들이 사랑받는 데는 단순히 진열과 판매에서 그치는 것이 아니라 감각적인 인테리어와 디스플레이, 방문고객 특성이나 성향에 맞는 적극적인 판매 서비스가 뒷받침되기 때문이다. 여기에 1인 가구의 증가와 HMR과 같은 간편식을 찾는 고객이 늘면서 이처럼 정육점에서 판매하는 다양한 PB상품들이 호응을 얻고 있는 것이다. 원육 자체뿐 아니라 부위별 특성과 수만 가지에 이르는 숙성 기술, 전략적인 판매 노하우까지 익히며 A to Z를 섭렵해야 하는 분야가 됐다.

프리미엄 정육점의 등장과 육류외식시장의 고급화·다양화로 고객의 선택 폭은 훨씬 더 넓어졌다. 육류에 대한 소비자의 전문 지식과 부위별 맛과 식감의 차이, 개성 넘치는 육가공 제품에 대한 경험과 안목도 높아졌다. 이제는 고깃집에서 단순히 맛있는 고기만 판다고 능사가 아니다. 강렬하고 다이내믹한 신의 한 수를 찾아야 할 때다.

명확한 콘셉트와 타깃층 설정을 위해 신규 정육점들의 특징은 각각 타깃 고객층에 맞는 명확한 콘셉트와 전략을 갖고 있다는 것이다. '정육점'이라는 같은 테마를 갖고 있지만 면밀히 들여다보면 원육 특징이나 주력 판매 부위, 숙성 기술과 기타 제품 구성 등이 매장별로 조금씩 다르다.

서울 서초동 에이징룸의 경우 프리미엄 정육점을 표방, 선택과 집중형으로 1+등급 이상의 한우 숙성육과 고급 제주돈육의 일부 부위만 판매하며 부가적으로는 돼지 등심에 가브리살을 붙인 수제돈가스와 한우떡갈비 등을 선보이고 있다. 경기도 부천시 고기에 반하다는 '수입산 신선육만 파는 곳'을 캐치프레이즈로 내세워 호주산 1등급 청정우와 일본 와규, 미국산 프라임 등급을 선택 판매한다. 감성고기는 홀스타인 품종 중 고기 소로 분류되는 육우만 상품화하고 있으며 바른고기 파는 집은 드라이에이징 한우암소를 주력 상품으로 판매한다.

고깃집 운영 시에도 단순히 '맛있는 고깃집'으로만 포지셔닝할 것이 아니라 원육 품종이나 부위, 숙성 정도까지 콘셉트로 내세울 수 있는 디테일한 전략이 필요하다

2) 영원한 대한민국 대표 국민육류 삼겹살

두께-그릴링-숙성에서 이제는 품종 차별화까지 요구하고 있는데 한국에서 돼지고기 시장은 곧 삼겹살 시장이라고 할 만큼 삼겹살 부위가 특화돼 있다.

2010년 무렵부터는 두툼한 스테이크 같은 삼겹살이 등장해 센세이션을 일으켰다. 3cm가 훌쩍 넘는 두께는 그 자체로 핵심 콘셉트

가 됐다. 원육을 차별화하기 위한 방법으로 많은 돼지고기전문점에서 두께와 숙성, 그리고 그릴링을 키워드로 내세웠다. 소고기에만 접목했던 드라이에이징을 돼지고기에도 시도하기 시작했으며, 많은 경영주들이 자칭 육류전문가가 되어 숙성 기간과 온도에 따라 원육 선도와 풍미, 연도가 어떻게 달라지는지 연구하기도 했다.

원육 차별화를 위해 최근에는 새로운 품종으로 관심을 옮겨가고 있는 추세다. 단순히 사료나 사육 환경을 달리하는 것이 아니라 새로운 교잡종을 선택하면서 육질이나 풍미, 맛의 원천을 다르게 구현하는 것이다. 지리산 흑돼지나 제주 암퇘지를 뛰어넘어 하몽의 원재료로 알려진 스페인산 이베리코 흑돼지, 얼룩무늬돼지, 명품 듀록 등 색다른 품종을 찾아 나서기 시작했다.

포화상태, 그러나 틈새시장은 있다. 돼지고기 아이템이 포화상태라는 것은 누구나 잘 안다. 타고난 손맛이나 음식 기술이 없어도 원육 그대로 불판에 올려 팔면 되기 때문에 경영주 입장에서 가장 만만한 게 돼지고깃집 창업이다. 일각에서 '돼지고기 시장은 이미 포화상태이니 다른 창업 아이템으로 승부하는 편이 낫다'고 피력하는 창업 전문가들도 있다. 그러나 양적으로만 포화상태일 뿐 숙련된 노하우와 콘셉트 차별화로 얼마든지 틈새시장에 진입할 수 있다.

임팩트 있는 사이드메뉴 · 찬 구성이 필수인 고깃집에서 원육뿐 아니라 찬이나 기타 메뉴 구성이 중요하다는 것은 이전부터 알고 있었지만, 그 이상의 업그레이드 버전을 구현하고 있었다.

성공한 고깃집들의 공통 전략을 요약하면 대부분 상차림에 힘을 뺀다. 있는 듯 마는 듯한 반찬들을 요란하지 않게 차려낸다. 가짓수도 많지 않다. 핵심 찬은 평균 4~5가지. 그러나 먹어보면 하나하나가 다 맛있고 계속해서 손이 간다. 똑같은 대파김치라도 사과를 갈아 넣어 자연스러운 단맛을 가미하거나, 묵은지에 참깨소스를 입혀 쿰쿰하면서도 고소한 맛을 살려 차별화하는 식이다.

유통 라인 갖추고 타이밍을 기다릴 줄 알아야 한다. 최근 전라도와 충청도의 일부 지역에서 구제역이 발생했다. 2011년 수백만 마리의 돼지를 살처분 했던 최악의 구제역 사태가 떠올라 농가와 국내 돈육시장은 긴장 상태다.

그러나 그때와 지금 크게 달라진 것이 있다. 구제역은 똑같이 발생했지만 원육 수급 자체가 어려워 한시적으로 문을 닫거나 급하게 수입산 돈육을 대신 받아쓰는 경우는 드물다. 구제역에 시달린 탓인지 고깃집 경영주들은 원육 유통 라인을 탄탄하게 갖춰놓았다. 돼지 농장의 환경과 사육 시스템, 사료 배합률, 기후 조건 등을 철저하게 분석하고 생산 · 유통량, 가격 안정성까지 체크해 어떤 상황이든 균일한 품질의 원육을 공급받을 수 있게 준비한 것이다.

돼지고기의 품질경쟁력을 위해 가장 많이 오해하고 있는 부분으로 아마 흑돼지가 국내산 일반 돼지보다 평균 1.5배가량 더 비싸기 때문에 은연중 품질이 더 우수할 것이라고 생각하는데 아니다. 일반 돼지는 사육 개월 수가 5.5~6개월인 반면 흑돼지는 9개월 정도다. 그만큼 사료비와 작업 시설 관리 등에 비용이 훨씬 많이 들어가기 때문에 단가가 비싼 것뿐이다.

소고기와 마찬가지로 돼지고기 등급 책정 기준 역시 마블링이 80% 이상 차지한다. 그러나 도축 후 하루 지나 등급 책정을 하는 소고기와 달리 돼지고기는 도축하자마자 바로 등급을 책정한다. 체내 온도가 높은 상태라 마블링이 겉으로 제대로 드러나지 않기 때문에 흔히 '돼지고기 등급 책정 시에 마블링 여부는 중요하지 않다'는 오해가 생긴 것. 마블링은 도축 직전 X-ray 촬영만으로도 이미 파악 가능하다.

3) 삼겹살 프랜차이즈 가맹점과 매출 현황

주요 육류 브랜드들은 본격적인 외연 확장과 파이를 키우는 데 주력했다. 하남돼지집의 경우 여러 가지 이슈가 있었다. 국내 주요

4대 백화점 팝업스토어 입점을 통해 '하남돼지집' 상표로 B2C 돈육제품 판매하고 HMR시장 진출을 위해 상품 R&D 개발에 착수했으며, 해외진출과 기업 상장 준비에도 박차를 가했다. 외연확장에 주력하면서 내부적으로는 가맹사업도 꾸준히 전개해나갔다. 가맹점은 2016 6월 기준 174개에서 2017년 상반기 추가 출점으로 현재는 총 196개. 전년 동기대비 10.9% 신장한 결과다.

마포갈매기는 2017년 3월 인도네시아 외식기업 PT.NJA FOOD와 마스터프랜차이즈 계약을 체결했다. 동남아 진출 확대의 기반을 마련한 셈이다. 현재는 미국과 홍콩, 태국, 인도네시아, 말레이시아, 싱가포르, 마카오, 대만 등에서 총 13개의 매장을 운영 중이며, 2017년 하반기 8개의 해외 매장을 오픈하였다.

삼겹살무한리필에 따라 브랜드마다 내실다지기에 나섰다. 2016년 육류시장의 가장 큰 화두였던 무한리필삼겹살 열풍은 다소 주춤한 듯 보였다. '1988고기불패'는 론칭 후 2017년 상반기까지 가맹점 20여개를 출점했으며 이어 숙성돼지고기에 코스요리를 더한 '1988고기불패 시즌2'를 론칭 하여 브랜드 확장에 주력하고 있다. '삼겹싸롱'은 기존 25개의 가맹점에서 2017년 상반기까지 20곳 추가 출점, 현재 45곳의 가맹점을 영업 중이다.

중·소형 브랜드는 각자만의 노하우와 개성으로 점포를 확장하거나, 다양한 채널을 통한 브랜딩 강화에 주력하고 있다.

2015년 론칭한 제주돼지고기 브랜드 (주)모닥홀딩스 '제주몬트락' 은 친환경·무항생제 인증 축산농장에서 공급 받는 웰빙 돈육과 5가지 특허 출원, 자사만의 기술력으로 혁신중소기업에 선정됐다. 이를 통해 방송광고 감면혜택을 받아 공중파 TV 광고를 제작했으며, IPTV와 SNS 채널을 통한 폭넓은 홍보로 브랜드 인지도를 높이는 데 주력했다. 김영란법과 탄핵, 대선 등의 이슈로 전체 외식업계 매출이 하락세였으나 제주몬트락은 큰 변화 없이 상승세를 타고 있다.

(주)에스지프랜차이즈에서 운영하는 '고기꾼최달포(SGP)' 는 무한리필 콘셉트로 론칭했다가 프리미엄 돈육 브랜드로 콘셉트를 전환했다. 대부분 수입산을 사용하는 기존 무한리필 브랜드와 달리 최달포는 명품 품종인 얼룩돼지(YBD)를 사용했는데 싸고 푸짐한 무한리필 콘셉트와 명품돈육의 이미지가 맞지 않다고 판단한 것이다. 최달포는 품종 차별화 전략으로 상반기 5개 매장을 추가 출점했으며, 강남 테헤란로에 429.75m²(130평) 규모의 대형 매장을 오픈했다. 또한 경기도 성남시에 센트럴키친을 설립, 농장과의 직거래로 육류를 직접 가공-납품하는 원스톱 시스템을 구현하였다.

선택과 집중 시스템 구축해 사업 다각화 추진이 대세인 최근 프리미엄 숙성육으로 서울·경기 지역에서 첫 가맹사업을 연 (주)SM 다이닝 '화포식당'은 직영점, 전수창업 매장을 제외한 총 38개의 가맹점을 운영 중이다.

서울·경기 권에만 집중하던 가맹사업을 지방 도시와 광역시로 확장한 결과 서울·경기 권 28개 매장의 경우 99.17~132.23 ㎡ (30~40평) 규모에서 월 평균 매출 1억 원 이상을 유지하며 성장가도를 달리고 있다.

브랜드 내실 다져 중소기업으로 발돋움하고 있는 요즘 비프랜차이즈 육류 외식업체의 경우 눈에 띄는 성장과 혁신을 보여준 외식업체들이 많았다. 매장별 원육과 그릴링 기술, 사이드메뉴나 찬류 포인트, 스토리텔링 방식, 인테리어, 접객 서비스 등 각각 개성 있는 차별화 전략으로 제법 내실 있는 '브랜드'로 자리매김했다.

국내 주요 육류외식업체는 대부분 안정적인 기반을 다졌다. 주목할 만한 이슈는 크게 없었지만 그 동안 쌓아온 노하우를 기반으로 안정적, 점진적인 사업 확장을 하고 있다.

(주)전한 '강강술래'는 본점인 신림점 전면 리뉴얼 오픈을 제외하곤 점포 확장보다 기존 매장의 매출 안정에 주력한 결과 전체 매출이 10%가량 상승했고, 문화-제휴마케팅, 1+1 덤마케팅 등 적극

적인 홍보 전략으로 고객유치에 매진했다.

서울 동대문구(전농점)와 송파구(롯데백화점 잠실점), 중구(명동점), 영등포구(여의도점) 등 다섯 개 지역에 신규 매장을 오픈할 필리핀에도 추가 입점했다.

HMR 시장에도 주력하고 최근 롯데홈쇼핑을 통해 강강술래 황제갈비살이 성황리에 '완판' 되면서 B2C시장을 눈여겨 본 것 이다. 메인인 육류 판매가 활성화되어 식품군을 확대해 나가고 있다.

작지만 강한 직영체제로 직영 위주로 점포를 전개하는 육류 브랜드들의 강세가 유독 눈에 띈다. 서울 신설동 95.87m² (29평) 매장에서 월 평균 1억8000만 원 이상의 신화적인 매출을 올리며 유명세를 탄 '육전식당' 은 이후 두 곳의 직영점을 추가로 오픈했고 서울 강남역 부근에 35평 매장을 열었다.

'월화고기' 의 상승세도 주목할 만하다. 지난 2017년 7월 21일 서울 역삼동 먹자골목 3층 건물 전체에 입점한 곱 4호점 매출 활성화에 주력해 총 매출 100억 원까지 올렸다. 현재 서울 상암동 먹자골목에 4층 건물을 매입해 1층엔 곱을, 2·3·4층엔 신규 육류 브랜드를 론칭하였다.

인기 있는 고깃집들의 가맹사업 초읽기에 들어갔다. 일부 직영매장에서 프랜차이즈 사업을 전개하기 시작한 것이다. 현재 서울 사당과 상암, 신도림, 방이동에 각각 가맹점 오픈을 준비 중이며 2018년 초 6개 매장을 추가로 출점할 계획이다.

복고냐 모던이냐, 기존 유명 브랜드냐 개성과 안정성을 확보한 新 브랜드냐 그리고 창업자금이나 상권, 유동인구 특성 등에 따라 좀 더 면밀하고 구체적인 기준으로 브랜드를 선택할 수 있다는 점에서 이들의 가맹사업 진출은 업계에 활력소가 되고 있다.

Ⅲ

삼겹살 전문점 현황과 경쟁력 수준

1. 삼겹살 전문점 현황과 경쟁력

1) 삼겹살 전문점 현황

2015년부터 2016년까지 나이스비스맨 상권분석에 따른 시도별 삼겹살 업종 현황에 따르면 전국 삼겹살 전문점은 약1만 6000여 곳으로 가장 많은 수를 차지하고 공격적인 가맹사업을 펼치고 있는 삼겹살 무한리필 전문점은 2016년 말 현재 167개의 점포를 오픈한 상태다. 포털사이트에서 이 브랜드의 조회 수를 분석해 본 결과, 지난 2015년 PC 조회 수 4132건, 모바일 조회 수 1만6237건, 총2만 369건의 조회 수를 기록했던 것이 2015년11월을 기점으로 급격하게 늘어났다. 2016년 현재PC 조회 수 2만7802건, 모바일 조회 수 17만 9256건, 합20만 7058건의 조회 수가 기록돼 지난 같은 기간 대비 무려 10배의 조회 수를 보였다.

이어 소셜 분석을 통해서 삼겹살에 관한 여론을 볼 때, 1위가 '맛있다'. 2위 '좋다', 3위 '먹고싶다'로 긍정적인 키워드가 상위를 차지했다. 4위에 '걱정'이라는 키워드가 있는데 살이 찔까 걱정되는 의견으로 보여진다. 5위는 '맛있는', 6위 '좋아하다', 7

위 '싸다', 8위 '다양한', 9위 '다양하다', 10위 '두툼하다' 등의 키워드였다. 전체적인 의견은 긍정으로 나타나 삼겹살에 대한 선호도가 매우 높은 것을 알 수 있다.

'무한리필 삼겹살'의 키워드 조회 수도 16배로 상승했는데 네이버 키워드 조회 수 분석 결과, '무한리필 삼겹살'의 조회 수는 약 1만2000건으로 나타났다. 2015년 12월 대비 약16배 증가한 수치로, 무한리필 삼겹살에 대한 소비자 관심도를 엿볼 수 있다.

이와 같이 우리나라에서 삼겹살은 국민들의 대표 메뉴이자 다양한 콘셉트로 수많은 소비자들을 만족시키고 있다. 무한리필 삼겹살 브랜드를 가장먼저 시작한 〈돈데이〉는 14년간의 운영 경험을 바탕으로 1년 만에 총 27개 가맹점에 매장 평균 월매출 1억여원을 달성하고 있다. 〈삼겹싸롱〉 또한 지난 2016년3월 오픈을 시작으로, 4개월 만에 32개 이상의 가맹점을 오픈하면서 예비창업자들의 이목을 집중시키고 있다.

소셜 분석을 통해 '무한리필 삼겹살'과 '삼겹살'에 대한 키워드를 추출한 결과, 공통 키워드로는 고기·맛집·김치 등이 추출됐다. '무한리필 삼겹살'이라는 키워드만으로 검색했을 때는 된장찌개·가격·엉터리생고기 등의 결과를 볼 수 있다. 〈엉터리생고기〉에 대한 소비자 관심도 또한 확인할 수 있으며, 저렴한 가격과 함께 된장찌개를 무료로 제공할수록 선호도가 높아짐을 알 수 있다.

1만원에 삼겹살, 된장찌개, 각종 반찬이 무한리필됨으로써 소비자들에게 폭발적인 반응일 수밖에 없다. 야채와 반찬 가짓수도 여느 삼겹살집과 다를 바 없다. 국내산 생삼겹살은 아니지만, 적절한 해동·숙성을 거친 수입산 냉동 삼겹살을 통째로 그릴 윙에 올려 두툼하게 직원이 썰어줘도 프리미엄 삼겹살에 비해 식감과 육즙이 크게 뒤지지 않는다. 고기는 1kg에 7000원 내외로 공급받는데 이를 100g으로 계산하면 700원, 아무리 많이 먹어도 성인 평균 400g의 섭취량을 넘지 않기 때문에 각종 반찬, 식재료와 함께 계산한 원가율은 40%다. 최근엔 삼겹살, 된장찌개를 더해 주꾸미 등 각종 요리까지 무한리필로 주는 곳이 있을 만큼 경쟁이 더욱 뜨거워지고 있다.

99.1㎡(30평) 기준으로 독립형 창업과 프랜차이즈 창업에 따라 창업비용이 달라지는데 평균 비용은 약7000만원에서 8000만원(임차비용 제외)이고, 재료비와 인건비, 월세의 비중에 따라 다르지만 매출대비 약20% 내외의 수익률을 보인다. 다만, 이미 유행 초기 단계는 지났다는 점에서 브랜드와 창업 시기를 잘 선택할 필요가 있다. 수요가 많아지면 공급가가 인상될 수 있으나 질이 균일한 고기를

연간 일정하게 공급받을 수 있는 유통 라인을 갖추는 것이 중요하다. 차별성을 갖춘 아이템으로 승부를 걸고, 수익 분석을 철저히 한다면 불황인 창업시장의 대안이 되기에 충분한 아이템, 삼겹살이다.

2) 무한리필 삼겹살의 홍행 포인트

현재 '무한리필'로 고객들에게 어필하고 있는 아이템은 다양하다. 떡볶이, 연어, 케이크, 돈가스, 닭갈비, 곱창, 스시 등 수많은 아이템이 있지만 그 중에서도 가장 많은 건 삼겹살이다. 이젠 대부분의 삼겹살 무한리필 전문점은 저렴한 가격만을 앞세운 반면, 최근에는 퀄리티 높은 식재료를 사용하여 품질을 고급화함과 동시에 전략적인 운영을 하게 되면서 이전과는 다른 흐름을 보여주고 있다. 최근의 '무한리필 삼겹살'의 홍행 포인트를 정리하면 다음과 같다.

첫째, 삼겹살의 관세율 하락으로 무한리필 삼겹살이 트렌드로 자리 잡은 이유 중 하나는, 불황으로 인한 소비자의 소비패턴 변화, 그리고 FTA를 통해 관세율이 높아진 것이 주된 요인이다. 2016년 돼지고기 수입 물량은 35만8000톤으로 전년(27만2000톤) 대비 32% 늘었다. 특히 독일, 스페인 등 EU산 수입은 평년 대비 111%

나 증가했다. 미국, 칠레산 냉동 삼겹살의 경우는 2014년부터 무관세다. EU산은 2016년 13.6%인데 매년2.3%씩 인하되고 있다. 외부적인 환경 변화가 무한리필 삼겹살 전문점에 날개를 달아준 셈이다.

둘째, 해동기법, 숙성기술의 발달로 외식업계가 성장하면서 소비자들 수준이 높아졌다. 소비자들의 수준이 높아진 만큼 이제는 저가의 음식을 다량으로 제공하는 것이 아니라 음식의 질과 양을 동시에 맞춰야 소비자를 만족시킬 수 있다. 무한리필 삼겹살 브랜드들 중에서는 준수한 원육을 사용하는 것은 물론, 적절한 해동기법과 숙성방법을 활용하는 곳도 많다. 해동, 숙성기술의 발달이 수입육과 국산 생삼겹살의 격차를 좁혀준 것이다. 실제로 해동, 숙성기술을 적절히 사용하고 있는 〈어머니생고기〉는 중장년층 소비자들의 방문비율이 높은 편이다.

셋째, 샐러드바 등으로 만족도 차별화로 무한리필 삼겹살 브랜드 〈고기불패〉는 삼겹살, 목살, 갈매기살, 돼지껍데기 등을 저온숙성 후 초벌구이해 제공한다. 샐러드 바의 경우에는 쌈 채소와 장류는 물론, 다양한 샐러드와 소스, 그리고 햄버거 빵을 즉석에서 조리할 수 있게끔 구성했다. 이 모든 것이 런치 기준 9900원에 제공된다. 살인적인 불경기 속 진화된 '무한리필 삼겹살' 브랜드에 대한 호응도가 높아진 것은 어쩌면 당연한 일일지도 모른다. 이와 같이 무한리필 삼겹살 전문점은 품질의 고급화, 전략적인 운영을 바탕으로 한 단계 성장하여 돌아왔다. 하지만 퀄리티 높은 원육에 대한 니즈 또한 점차 늘어나고 있고, 무한리필 삼겹살 전문점의 치열한 경쟁도 어느 순간 줄어들게 될 것이다. 뿐만 아니라 냉동 수입육을 제아무리 좋은 기술로 해동하고 숙성시켜도 생고기 맛을 따라잡긴 어렵다. 고기, 육질에 대한 미각지수가 한껏 높아진 소비자들에게 품질 좋은 생삼겹살을 어떻게 어필할 것인가에 대한 연구 또한 절실히 필요한 때다.

3) 질 좋은 원육은 최고의 경쟁력

현재 국내산 삼겹살 도매는 kg당 평균 1만6000원 선(2015년 기준). 브랜드육의 경우 이보다 더 올라가기 때문에 식당 업주 입장에서는 합리적인 가격도 맛만큼이나 중요한 요소다. 물론 이 경우 일정수준 이상의 질은 반드시 전제돼야 한다.

삼겹살 시장은 변하고 있다. 지난 2016년 우리나라 돼지고기 수입 물량은 27만2000톤보다 32%나 증가한 35만8000톤이다. 국내 전체 육류 시장에서 차지하는 비중은 절반 수준이다. 특히 한·EU

FTA로 독일과 스페인 등 유럽산 돼지고기 수입이 크게 늘어 국내산에 비해 저렴한 수입산 삼겹살의 수요는 계속 늘어나고 있다.

원육 수입 증가와 해동 기술의 발달은 무한리필 삼겹살의 유행을 불러 왔다. 올바른 방식으로 해동, 혹은 숙성한 수입 냉동육의 경우 일반적인 소비자들은 국내산 생고기의 맛과 구분하기 어려울 정도로 맛이 준수하다. 무한리필 콘셉트의 고깃집들 중에서도 질 나쁜 수입 냉동육을 마구잡이로 쓰는 곳을 거의 찾아볼 수 없다.

삼겹살은 어떤 음식보다도 갑론을박이 많은 음식이다. 돼지는 사료, 환경 종자에 따라 맛이 천차만별이라 어떤 삼겹살이 맛있는 삼겹살인지에 대한 절대 기준은 없다. 그저 선호하는 스타일의 차이만 있을 뿐이다.

2. 무한리필도 원육으로 승부

경기가 어려울 때, 소비자가 최우선적으로 고려하는 것은 가성비다. 삼겹살도 최근 몇 년 사이 무한리필 시장에 가세해 점차 인지도를 넓혀가고 있다. 〈고기킹〉, 〈돈데이〉 등 삼겹살 무한리필의 제1세대라 할 수 있는 ㈜썬미트 대표다. 독일산 냉동육을 침지 빙온 방식으로 해동한 결과, 생고기 품질에 가까운 결과를 얻을 수 있었다. 침지 빙온 해동은 포장된 냉동육을 물에 완전히 담가서 해동하는 급속 해동 방식이다. 특히 열전도율이 기체보다 몇 배 이상 빠른 액체의 특성 때문에 얼어 있던 수분이 해동되면서 생기는 드립 발생을 최소화할 수 있다. 수온을 0도 근처까지 내리고, 고기가 잠길 정도의 물에 냉동육을 담가 15시간가량 해동한다. 드립 양이 적은 편으로, 육색도 양호하고 지방 손실이 적어 준수한 맛이다.

1) 무한리필 생존 전략, 적합한 원재료가 관건

무한리필은 트렌드가 아닌 생존 전략이다. 무한리필은 무엇보다 적합한 원재료가 형성돼 있어야 가능한 형태다. 한 예로 소고기 4+4의 원조인 〈그램그램〉의 성공은 소갈비 값 하락이 없었다면 불가능한 일이다. 최근 수입산 돼지고기의 득세는 자연스럽게 삼겹무한리필 콘셉트의 부활로 이어졌다.

〈돈데이〉는 이러한 흐름에 대해 누구보다 민감했다. 2010년 무한리필 정육식당 〈고기킹〉의 경험을 통해 무한리필에 대한 기본적인 노하우가 있었다. 본사 ㈜썬미트의 30년 육류유통 경험을 기반으로 독일, 스페인 등 유럽산 냉동육과 미국, 캐나다산 냉장육 중에서도 상품력이 양호한 원육만 사용했다. 냉동육은 2~3일간 냉장고에서 해동한 뒤 100% 참나무만을 사용한 바비큐 기계로 훈연했다. 바비큐는 9900원에, 생고기는 1만290원에 제공하고 있는데, 일산 라페스타점의 경우 165.2m2(50평)규모에 월매출이 약1억 3000만원이다.

2) 균일한 질·가격 유지가 중요, 박리다매 경쟁 억제

〈돈데이〉는 가격 상승이 없기로 유명한 브랜드다. 13년간 가격 상승은 단 한 번, 1인분 3000원 제공했던 구 〈돈데이〉의 삼겹살 가격을 3400원으로 인상한 것이 전부다. 수입 냉동육 값 상승에 대비할 수 있는 물량·유통라인을 확보하고 있기 때문이다. 이곳 대표는 고기의 질과 가격에 변동을 주는 순간 경쟁력을 잃는다고 생각한다. 가성비와 원육의 질을 모두 잡은 무한리필 콘셉트가 삼겹살 시장에 어떤 변화를 가져올 것인지 주목할 필요가 있다.

3) 양념 삼겹살, 틈새시장 될 수 있다

1990년대 중반까지만 해도 삼겹살이라 하면 보통 수입산 냉동 삼겹살을 말했다. 얇게 슬라이스해 대패 삼겹살 형태로 구워 먹거나, 돼지 잡내를 완화하기 위한 고추장 삼겹살 등 양념 삼겹살이 유행하던 시기였다. 이후 삼겹살의 퀄리티가 조금씩 나아지면서 이러한 저가 냉동 삼겹살은 거의 사라졌지만, '양념 삼겹살은 질 나쁜 삼겹살' 이라는 고정관념만 깨면 매력 있는 틈새시장이 될 수도 있다.

'빨간돼지' 로 고추장삼겹살 고급화를 선보이던 서울 강남구 〈안가〉는 부산 해운대의 돼지특수부위 전문점이다. 돼지막창, 가로막살(갈매기살). 천겹살, 황제살(가브리살)등의 메뉴를 판매하고 있는데, 2004년 오픈한 이래 현재까지도 꾸준하게 월평균 1억원의 매출을 올리고 있다. 현재 규모는 231.4m2(2층, 70평)이다.

이곳의 모든 고기는 부산의 한 유통업체에서만 가져오는데, 상호 신뢰가 높아 질 좋은 원육을 안정적인 가격에 수급해 오는 것이 가능했다. 식품제조·축산물 가공 업체를 별도로 운영해 좋은 식재료를 원활하게 공급할 수 있다는 장점도 있었다.

〈안가〉대치점이 고추장삼겹살 '빨간돼지' 메뉴를 추가했다. 고급화를 강조한다면 충분히 경쟁력이 있을 것으로 봤다. 3개월 동안 80kg가까운 테스팅을 거쳐 국내산 냉장육을 사용했을 때 두께, 식감 등이 가장 우수하다는 결론을 얻었다. 현재 매장에 내는 '빨간

돼지'에 쓰이는 원육은 kg당 1만4000원의 국내산 냉장육. 여기에 질 좋은 국내산 청양고추, 밀양 얼음골 사과를 써서 만든 양념을 조합해 180g 1만2000원에 판매하고 있다. 평범한 고추장삼겹살에 비하면 월등한 육질인데다, 깔끔하고 중독성 있는 매운맛으로 선호도가 높다. 간장 양념해서 초벌한 시그니처 메뉴 '가로막살' 못지않은 인기로, 비율로 따지면 6:4정도, 특히 모든 메뉴가 골고루 팔리는 〈안가〉에서 전체 대비 20% 가까운 판매 비율을 차지하고 있다. 약 99.1㎡(30평)으로 본점에 비해 매장 규모를 줄인데다 첫 달인데도 불구하고 4000만원 가까운 매출을 올렸다.

또한 양념 삼겹살의 편견을 깨는 육질로 충북 청주시 〈삼홍집〉의 경우 삼겹살에 소금을 뿌리거나 간장 소스를 적셔 연탄불에 구워 먹는 방식으로, 청주에서 유명한 집으로 소문나 있다. 현재 청주의 삼겹살 특화거리에 있는 삼겹살집은 대부분 이러한 간장 양념 형태다. 〈삼홍집〉의 삼겹살은 엄밀히 따지면 양념 삼겹살이 아니다. 간장 양념을 내놓긴 하지만, 양념이라기 보단 밑간에 가깝다. 고기를 잘라서 내는 것 외에는 아무런 전처리가 없다. 육질에 자신이 있다는 뜻이다. 많은 업소들이 냉동이나 대패 삼겹살을 흔히 쓰는 것과 다르게, 질 좋은 국내산 생고기를 고수하고 있다. 돼지고기는 충북 지역의 2개 업체에서 브랜드육에 버금가는 가격의 원육만 공급받고, 고기는 도축한 당일 날 바로 가게에 도착해 1~2일정도 냉장고에 보관 후 육질이 가장 연한 순간에 내놓는다. 손님이 볼 수 있는 앞에서 고기를 잘라 신뢰도가 높다. 구워 먹으면 고소하고 향긋한 육즙맛이 그대로 살아 있다.

특히 250g 1만2000원의 저렴한 가격으로 가성비를 높인 점이 경쟁 포인트, 하루 평균 200~350명의 손님이 찾는데, 정육점도 같이 운영하고 있어 별도 구매해 가는 손님도 많다. 한편으로는 연 1만 포기의 김치를 직접 담궈, 별도 저온 저장고에 보관하고 있다는 점도 눈에 띈다.

4) 삼겹살은 두꺼워야 맛있다.

삼겹살의 고급화가 진행되면서 고기의 두께도 두꺼워졌다. 보기 좋은 떡이 먹기 좋다지만, 삼겹살의 두께가 과연 맛에 영향을 미칠까? 또한 운영적 측면에서는 어떤 장단점을 가져다줄지 고객과 운영자의 두 가지 관점에서 두께별 그릴링과 테스팅을 위해 비교 테스팅의 조건으로 삼겹살의 두께별 차이를 비교하기 위해 원육, 열원, 불판, 그릴링 방식을 동일화해서 두께는 1~3cm까지 세 가지의 숯불 착화식 로스터와 코팅 불판엣 약 240도로 그릴링을 진행한 결과를 보면 삼겹살은 두꺼울수록 맛, 비주얼 좋은 것으로 나타났다. 특히 풍미와 육즙을 가장 잘 살릴 수 있는 두께는 3cm이고, 쫄깃하고 탱글한 식감과 터져 나오는 육즙도 단연 으뜸인 것이다. 그리고 두툼한 비주얼은 굽기 전부터 맛있는 느낌을 주고, 첫 점을 맛볼 때 가장 인상적이며 2cm 두께부터 육즙에 대한 언급이 시작됨과 동시 여러 점 먹기에 가장 부담 없는 두께다. 따라서 좋은 원육이라면 1cm미만의 두께로 내지 않는 것이 좋다고 볼 수 있다. 또한 실제 식사와 비슷한 조건으로 삼겹살은 다 구운 뒤 5분 정도 불판 위에 두고 테스팅한 결과, 1cm 미만의 삼겹살은 금세 말라 퍽퍽해지지만, 2cm 이상 두께의 삼겹살은 육즙 보전량이 월등했으며 이는 결과적으로 두께와 맛이 비례함을 뒷받침해 준다. 삼겹살 두께는 오퍼레이션에 큰 영향을 미친다. 두꺼워질수록 그릴링 시간이 길어지며, 이는 전담 인력이 필요하다는 결과다. 절단력 좋은 가위 등 부수 장비도 뒷받침돼야 한다. 두꺼운 고기는 더 맛있는 고기를 제공할 수 있는 요소지만, 점포의 콘셉트와 내부 환경을 고려해 적정선을 선택하는 것이 필요함을 의미한다.

프랜차이즈 삼겹살 전문점 〈구이가〉 구로디지털 단지역점의 경우 내부 임직원을 대상으로 두께별 테스팅을 진행했는데, 1.5cm, 2.5cm, 3.5cm세 가지 두께를 비교해 볼 때, 기존 판매하던 1.5cm

보다 2.5cm에서 높아진 맛의 차이를 보였으며 특히 사용 중인 도드람 브랜드육의 강점을 한층 끌어올려 주었다. 이로 인해 내부 만족도 또한 높았으며, 테스팅 이후 2.5cm로 두께를 변경하여 실제로 고객이 먼저 맛의 차이를 체감하고 있음을 실감한 것이다.

3. 국민 삼겹살의 선호 이유와 맛의 비밀

1) 사료, 환경, 종자에 따라 돼지고기 맛 천차만별

버크셔를 방목해 맘 놓고 뛰어다니게 기르는데 운동량이 많아져 근육이 발달하면 육량과 지방 분포 비율이 높고 고기 맛도 뛰어나다. 이렇듯 돼지고기는 키우는 환경도 중요하지만 품종 유전자에 따라 고기 맛이 다르다. 전국 삼겹살집의 5%정도는 고집과 의지를 갖고 사육단계부터 신경 쓴다. 제주에서 돼지를 소처럼 키우는 사람도 있다. 다른 양돈농가보다 비육기간을 10일 정도 더 늘려. 품종에 따른 편차도 있지만 사료 급여도 돼지고기 육질에 미치는 큰 요인이기 때문이다. 그리고 마지막 10일 동안 지방이 근육으로 스

며들게 키워 근내지방도를 높게 키워 맛을 좋게 한다. 돼지는 사육
지역에 따른 맛의 편차가 있는데 지리산 지역의 버크서 돼지고기는
육밀도가 높고, 제주도산 돼지는 암반수를 먹여서 육질이 단단하다.

계절별로도 조금씩 차이가 난다. 여름철엔 지방 밀도가 적당한 데
겨울철엔 떡지방이 많이 발생한다. 제주도는 사계절 온도 편차가
심하지 않고 다른 지방보다 온난하기 때문에 이런 영양도 있다. 아
무래도 기후나 지형에 따라 사육환경이 달라지면 돼지고기 육질에
도 차이가 날 수 밖에 없다.

2) 돼지고기, 숙성의 비밀

요즘 숙성육이 새로운 트렌드로 자리 잡았다. 돼지고기도 예외가
아니다. 돼지고기 드라이에이징 전문점에서 삼겹살 맛을 봤는데 커
팅도 너무 얇고 맛이 기대치에 못 미쳤다.

처음엔 꽤 맛있게 먹었는데 나중엔 그렇지 않다. 때에 따라 육질
편차가 크다. 드라이에이징 삼겹살을 먹어봤는데 입맛엔 느끼했다.
국내 소비자들에게 호불호가 갈리 듯. 소고기는 단백질이 많아 숙
성시키면 그 효과가 크지만 돼지고기는 그렇지 않기 때문에 숙성
효과가 소고기에 못 미친다. 그래도 돼지고기 숙성육의 전지살은

맛이 좋다. 은은하게 풍기는 우유의풍미가 아주 인상적이다. 요즘 돼지고기 전문점에서 습식숙성을 많이 하는데 보통 1주일 정도로 하는데 실지 맛의 차이가 없다. 돼지고기는 숙성시킨 것보다 숙성시키지 않은 것을 더 좋아하는 고객도 많고, 숙성육으로는 지방이 적은 소고기의 안심 맛에 가장 많이 끌리는 경우도 있다. 이는 사후경직 전에 먹는 고기 맛이 최고의 맛임을 일깨워주는 식당도 있다. 숙성육은 질감은 부드러우나 맛이 싱겁다는 느낌이 든다. 숙성의 목적 가운데 하나가 잡냄새 제거인데 돼지고기 잡냄새는 선도만 잘 유지되면 나지 않는다. 돼지고기 냄새엔 관용적인 편이다! 소의 숙성 관련 자료는 많아도 돼지는 별로 없다.

외국 자료도 마찬가지다. 그러다 보니 돼지도 대체로 소의 숙성 방식을 그대로 적용하는 경우가 많다. 돼지는 돼지고기에 맞는 숙성방법을 찾아야 한다. 수비드도 그렇다. 테스트를 여러 차례 해서 각각의 고기에 맞는 최적의 수비드 온도를 찾아내야 하는데 현실은 꼭 그렇지도 않다. 근래 트렌드가 부드러운 돈육을 선호하는 점이다. 이를 선도하고 있는 것이 숙성육이고, 수비드도 하나의 방편이 되고 있다. 물론 여전히 돼지고기 씹는 맛을 으뜸으로 생각하는 고객들이 많은 건 넘어야 할 산이다. 원래 우리나라는 고기를 부드럽게 만들어 먹는 문화가 희박했다. 뜯고 씹고 하는 문화지 수비드로 조리한 고기가 우리나라에서 제대로 정착되지 않는 것은 외국과 서로 상이한 고기 식문화와 연관이 많다.

3) 직화구이? 숯향보다 모든 음식의 조화가 중요

요즘 가는 곳마다 직화구이를 강조한다. '고기에 밴 은은한 참숯 향' 이라고 하는데 그 숯 향의 정체는 아리송하다. 업소의 마케팅측면도 있지만 숯향, 불맛에 끌리는 손님도 분명 있다. 복사열과 원적외선이 고기 내부와 외부를 동시에 빠르게 익혀 육즙도 가두고 육질을 높여주지만 불향이 고기 누린내고 중화시켜줘 풍미도 높여준다. 옛날에 음력 1월이 되면 매화가 피고 선비들이 시회를 여는데 이때 난로회라고 하는 고기를 구워먹던 문화가 있었다. 직화구이의 원조라고 봐야 한다. 직화용 화로 장착된 테이블의 경우, 예전엔 테이블 한가운데 화로가 놓였는데, 요즘엔 상차림의 불편함 때문에 약간 한 쪽으로 치우치게 제작한다. 고기를 태우면 건강에도 안 좋고 중국요리에서는 긴장을 태울 때 나는 단맛을 요리에 이용한다. 그런데 고기 집이지만 밥도 좋아야 한다. 쌀은 바로 도정해야 맛있고 이를 위해 쌀 구입 도정날짜를 꼭 확인해야 한다.

삼겹살을 먹으러 가면 육질이나 가격보다는 집과의 거리가 삼겹살집을 고르는 가장 큰 기준이 된다. 고기도 맛있어야 하지만 두께가 아주 적당해야 한다. 손님들은 모르지만 사실 식당에서 반찬에 들이는 비용이 만만치 않다. 차라리 그 비용으로 다른 걸 준비하는 게 낫다.

고기를 먹을 때에는 젓갈 향이 입에 길게 남는게 싫어서 젓갈에 잘 찍어 먹지 않는다.

동남아시아 나라들의 돼지에 주름이 많이 잡혀있는데 아마 그래서 그런지 동남아에 여행갈 때 더 맛있게 먹을 수 있는 것이 간혹 돼지고기로 요리할 때 잡냄새 때문에 맛이 떨어지기도 하지만 맛술로 잡으면 대다수 냄새가 없어진다. 고기는 굳이 소금 안 찍어 먹어도 될 정도로 육향이 좋다. 육향이 강하고 지방이 골고루 퍼진 느낌이 들어야 좋은 삼겹살이라 할 수 있다. 특히 좀 느끼한 맛이 나는 것 같은 고기 맛이 술, 특히 맥주와 잘 어울린다. 즉 육향이 진하고 지속시간도 길고 이걸 느끼하다고 생각할 수도 있겠지만 이를 잡아 주는 것은 당연히 김치다. 그러나 고깃집에서 샐러드는 의미가 없다. 아주 정성껏 만들었어도 원가만 높이고 안 그래도 느끼한 고기를 먹는데 더 느끼하게 하기 때문이다. 마요네즈로 드레싱을 만들다 보면 참나물은 빼고 파무침이나 파절이만 있어도 맛있게 먹을 수 있다.

무쌈을 좋아하는 고객도 있는데 그렇다고 고깃집에서 무쌈까지 갖추라는 건 무리이다. 그렇다면 곤드레장아찌도 좋다. 파절이와 고기의 조합으로 우리나라 고기의 구이문화가 전성기를 맞게 된 계기가 되었다. 즉 부산 해운대암소갈비가 서울로 진출하면서 갈비 전쟁이 붙었듯이 부산의 갈비 문화가 서울을 점령한 것이다.

전주의 콩나물 국밥으로 유명한 어느 식당은 일부러 온도를 낮춰서 손님에게 제공해 인기를 끌기도 했다. 그렇게 적절한 온도로 음식을 내면 테이블 회전도 빨라져서 식당의 매출에 도움이 된다.

그릇도 참 중요하다. 음식의 가치를 제대로 못 받는 이유 중 하나가 음식과 어울리지 않는 그릇의 사용이다. 한 그릇의 반찬도 잘 어울리는 좋은 그릇에 담으면 요리가 된다. 기왕이면 좋은 그릇에 음식을 담아 그 가치를 제대로 표현하는 것이 정도다.

일본의 쇼진요리 전시를 보면 음식 뿐 아니라, 이른바 '깔맞춤식'의 그릇 사용은 없다. 그릇 하나하나가 예술작품이기 때문이다. 한식당에서 정성을 들인 음식이나 가격이 비싼 음식은 놋그릇이나 도자기에 담아야 잘 어울린다. 옛날에는 봄이나 가을에는 하얀 사기그릇을, 겨울에는 놋그릇을 꺼내 썼다. 이 점을 오늘 날의 식당들이 마케팅 포인트로 삼아도 좋다.

연탄을 피우는 경우 실내공기가 대부분 탁하다. 그리고 숙성육에 멜젓이 나오는 경우 제주도라는 점포 이미지와도 잘 어울린다. 보통 제주 멸치젓갈 소스에는 비린내를 잡기 위해 조미료나 맛술을 넣어 제거한다. 그래서 조미료를 싫어하는 사람은 젓갈도 잘 안 먹으려고 한다. 특히 삼겹살에 기름이 너무 많다. 연탄불은 대류열이 없어서 고기가 잘 타거나 익지 않을 수 있다. 열과 접촉한 부분은 타기 쉽고 그렇지 않은 부분은 익지 않을 수 있는 경우가 많다. 그래서 직원이 직접 구워주는 경우가 많다. 잘만 익히면 돼지고기 가운데 목뒷살 부위 비계가 제일 맛있다. 근수로 파는 '근고기'와 연탄불을 추억 마케팅으로 묶어서 소구하는 콘셉트가 고객들을 불러들이는데 유효함은 두말 할 필요가 없다.

IV

삼겹살 전문점 운영 전략

.

1. 삼겹살 원육 차별화 전략

1) 맛과 식감 뛰어나고 불포화지방산 풍부

조선시대는 물론이고 예전 우리 농촌의 돼지는 검은 털의 흑돼지가 흔했다. 그러나 20세기 들어서 '백돼지' 계열의 돈종들이 수입되자 재래종 흑돼지는 급격하게 사라졌다. 덩치도 크고 빨리 자라며 새끼도 많이 낳아주는 백돼지에게 흑돼지는 경쟁 상대가 안 됐다. 요즘 우리가 보는 흑돼지는 재래종(토종 꺼먹돼지)이 아니라 서양에서 들어온 버크서 계통의 순종이나 교잡종이 대부분이다. 맛에서도 흑돼지는 일반 돼지보다 우월하다. 고소한 맛을 내는 탄수화물과 단백질 성분이 풍부하고 보수성이 탁월해 가열 시 육즙이 쉽게 휘발하지 않으며 부드럽고 촉촉한 식감이 일반돼지에 비해 뛰어나다.

2) 가격 비싸지만 '고급 원육' 이미지에 소비자 수용

흑돼지는 비교적 청결한 사육환경, 뛰어난 맛과 육질이 큰 장점이다. 동일한 기간에 같은 양의 사료로 일반 돼지를 기르면 더 많은 고기를 얻을 수 있어 그만큼 기회손실이 발생하는 것이다.

이 손실분이 가격에 반영되다 보니 흑돼지 가격은 일반돼지보다 비싸다. 그러나 고급 고기를 먹기 위해 이 정도 추가 비용은 감수하겠다는 것이 현재까지의 대체적인 소비자 반응이다. 조금 비싸더라도 몸에 좋은 음식을 찾는 소비자가 점차 늘어나고 있어 흑돼지 수요도 그만큼 증가하고 있다.

경기 수원시 〈칠보화로〉의 경우 2016년 1월부터 삼겹살을 비롯해 목살, 갈비의 원육을 일반 돼지에서 흑돼지로 바꿨다. 원육을 바꾸자 단골손님이 먼저 알아보고, '냄새가 안 나고 육질이 무척 쫄깃해졌다' 며 고객들이 반색한 것이다. 보관이나 취급이 일반 돼지고기와 다를 바 없고, 삼겹살은 숯불에 구울 때 기름이 떨어져도 불이 나지 않는 점이 맘에 든다고 고객들이 전한다.

이 같이 원육을 흑돼지로 바꾸면서 삼겹살 추가주문 빈도가 크게 늘었다. 삼겹살 자체의 매출액도 늘었지만 목살 갈비 등 다른 육종 대비 판매비율도 과거 20%에서 40%이상으로 크게 높아졌다.

3) 삼겹살 원육 차별화 상황버섯돼지

삼겹살에 이전에 없던 새로운 가능성이 추가된다면 분명 부가가치가 올라갈 것이다. 충남 홍성군 〈이재훈의 가능성 이야기〉는 상황버섯을 먹인 돼지로 육질을 고급화 시킨 사례로 알려져 있다.

이곳 상황버섯을 돼지에게 먹이기 시작한 것은 2010년이다. 구제역 발병의 위험에서 자유롭지 못할 때였다. 그후부터 출하하는 돼지의 체중은 115~120kg, 마리당 9.5~10.3kg의 삼겹살이 나온다. 유통 사업까지 하게 되면 출하 체중 기준을 육질이 저하되지 않는 범위에서 좀 더 높여 나갈 수 있어 가능했던 것이다.

곁들임이 곧 경쟁력이다. 사랑하는 만큼 구속한다 했던가. 우리의 국민 삼겹살을 가만히 둔적이 없다. 세계로 눈을 돌려도 단일 부위로 기간대비 이만한 변화를 격은 정육은 없을 것이다. 원육을 질부터 외형까지 바꿔놓았지만, 무엇보다 시대가 변할 때마다 다양한 곁들임으로 색다른 옷을 입혔다.

삼겹살의 차별화 열쇠는 콘셉트에 있다. 삼겹살 시장의 치열한 생존경쟁에서 차별화는 필수다. 삼겹살은 대중의 기호도는 높으면서, 비교적 전문성 있는 조리 기술 의존도와 진입장벽이 낮은 업종이다. 누구도 뛰어들 수 있을 만큼, 특화된 콘셉트를 통해 전문화와 차별화를 꾀할 필요가 있다.

기본에 충실하고 시도는 과감하게 해야 살아남는다. 식당은 재방문이 생명이다. 고객이 다시 찾는 이유는 결국 '맛' 이다. 삼겹살을 자주 찾는 이유도 결국 직관적인 맛에 있다. 실제로 재방문 빈도가 높은 삼겹살 전문점의 성공 요인은 1순위로 단연 상품력을 꼽는다. 무엇보다 기본에 충실해야 힘은 의심의 여지가 없다.

2. 효율적인 곁들임, 장아찌 전략

1) 원가, 오퍼레이션 효율UP

장아찌 사용의 첫 번째 강점은 운영 효율성에 있다. 일반적으로 삼겹살 전문점은 주방 운영에 많은 인력을 투입하지 않는다. 다시 말해 간단하면서 빠르게 테이블에 준비할 수 있는 찬이 필요하다. 특별한 준비 없이 담아 낼 수 있는 장아찌는 그야말로 훌륭한 찬이다.

2) 여기 삼겹살 추가요! 장아찌 효과

추가 매출을 이끌어낼 수 있는 잠재력도 장아찌에서 찾아볼 수 있다. 삼겹살은 느끼함을 잡아주면서 맛의 조화와 상승을 돕는 곁들임이 필요하다. 이는 자연스럽게 추가 주문으로 이어질 확률을 높인다.

3) 20~30대 그리고 여성 고객이 더 선호해

장아찌는 남녀노소 가리지 않는 찬이지만, 삼겹살 전문점의 경우 특히 20~30대 젊은 층에게 더 높은 선호를 띄는 경향이 있다. 또한 설문 결과 남성에 비해 여성들의 선호도가 높은 편이다. 고깃집 찬은 한 가지에 편중시키기보다는 조합을 구성하는 게 중요하므로, 주 타깃 층에 따라 장아찌를 전략적으로 활용해볼 필요가 있다.

삼겹살 소울 메이트는 김치이다. 김치 유전자는 삼겹살에도 고스란히 녹아들었다. 삼겹살이 흘러온 30년 세월 동안 김치가 곁에 없던 적은 없었다.

'고깃집에서 김치를 잘 내면 30%는 잡은 것'이란 속설이 있다. 삼겹살에 곁들이는 김치는 찬 구색 뿐 아니라, 제대로 제공하면 강점으로 작용할 수 있다. 또한 기름진 맛을 싹 정리해주기에 후식 메뉴로 활용해도 손색없다. 찬 구성이 비교적 많지 않은 삼겹살 전문점에서 손이 가지 않는 찬이 있다. 아쉬움은 더 커지게 마련이다. 특히 삼겹살과 잘 어울리는 조합인 김치는 도입 시 놓치기 아쉬운 찬이다. 특히 중년 고객층에게 높은 지지도를 보이는 주 타깃에 따라 더욱 신경 써야 할 부분이다. 발효식품인 김치는 담그는 것만큼이나 숙성과 보존이 과제다. 그렇다보니 맛있게 먹을 수 있는 온도가 존재한다. 김치는 일반적으로 저장고에서 1~2도가 가장 맛이 좋으며, 삼겹살과 곁들일 때 또한 시원한 맛을 극대화한 김치가 메리트다. 김치를 특화시키고자 한다면 그때그때 시원하게 내는 것도 차별화 방안이 될 수 있다. 염도가 높지 않은 김치 제공 또한 작은 팁이다.

보통 규모의 삼겹살 전문점에서 직접 김치를 담기가 쉬운 일은 아니다. 인력 문제 뿐 아니라 저장이 어렵기 때문이다. 그러므로 맛과 질이 준수한 김치를 아웃소싱 하는 것도 방법이다. 단 숙성 보관해 낼 때 이점을 볼 수 있다. 여건에 따라 파김치, 대파김치 등은 직접 만드는 것도 권장할만하다.

3. 식사메뉴의 차별화 전략

1) 개성 있는 마무리도 강점 전략으로

최근 몇 년간 다양한 식사 메뉴를 개발, 도입한 고깃집들이 많아 졌다. 이제 평범한 찌개나 제품 냉면은 다소 식상하다. 기존의 메뉴 나 대중음식을 바탕으로 업그레이드 하거나 응용 요소를 녹여내는 것도 좋은 방법이다. 또한 외국 음식에서 모티브를 가져와 메뉴로 개발해볼 만하다. 태국음식, 멕시코음식 등 친숙한 이국 요리들을 눈여겨 볼 필요도 있으며 콘셉트 소재로 확장해볼 수 있다. 종로구 〈골목흑돼지〉는 후식으로 짬뽕을 응용한 '해물짬뽕밥'을 도입해 고객 반응이 좋은 것도 한때다.

2) 생고기 무한 동력, 젓갈

젓갈은 삼겹살 전문점에서 꾸준히 인기 있는 소스다. 감칠맛이 고기 풍미를 극대화시키기 때문이다.

① **젓갈 비빔밥**: 젓갈비빔밥은 삼겹살 전문점의 효율을 극대화 시킬 수 있는 메뉴다. 기존에 활용하는 재료들로 재구성해 만들 수 있기 때문이다. 개성 있는 젓갈을 활용하는 업소라면 독특한 식사 구성으로 포지셔닝 가능하다.

② **볶음밥**: 삼겹살에서 흘러나온 지방의 풍미를 안다면 볶음바븐 한 번쯤 고려해볼 만한 스테디 아이템이다. 간단한 재료로도 고소 한 맛을 극대화 시켜 입맛을 사로잡기 충분하다. 한우전문점 'ㄷ' 식당의 깍두기볶음밥의 인기 요인 역시 육고기의 지방 풍미 가 더해졌다는 데 있다.

③ **칼국수**: 면의 메뉴 역시 강점과 개성을 만들어주기 충분한 메 뉴다. 특히 찌개 등의 보통식사 메뉴보다 객단가 향상에 탁월하다. 특색 없는 공장제 냉면을 쓸 거라면 칼국수에 눈길을 줄 만하다. 김치말이국수와 비슷한 맥락에서 열무냉칼국수 등 김치를 응용한 냉국수류도 개발해볼 필요가 있다.

④ **해장국**: 해장국은 개운한 식사. 안줏거리. 그리고 점심식사 메 뉴로도 활용 가능해 1타3피를 노려볼 수 있는 메뉴다. 〈솔밭삼겹살

해장국〉은 상호에서부터 드러나듯 삼겹살과 해장국을 〈미강식당〉도 해장국과 직화 삼겹살을 강하게 묶어 콘셉트화 하여 성공한 케이스다.

3) 기승전결 구성해 만족도 올리기

삼겹살은 다소 단도직입적인 외식 메뉴다. 다 익을 때까지 주전부리 없이 기다린 후 맛보는 한 점의 삼겹살로 직관적인 매력이 더 크게 느껴지는 이유다. 이제 삼겹살 외식도 점차 다양해지는 만큼 구이 앞뒤로 차별화 요소를 장착하는 것도 전략이 될 수 있다.

삼겹살은 흔히 '별다른 반찬이 필요 없다'고 말한다. 삼겹살의 진한 맛 때문이기도 하겠지만, 그동안의 관성도 일면 작용해왔을 것이다. 또한 가볍게 주문을 유도할 만한 사이드 메뉴에 대한 고민도 해볼 수 있다. 삼겹살 전문점은 고기 추가 주문과 식사 외 사이드 메뉴의 판매가 드문 업종. 콘셉트에 부합하는 사이드 메뉴의 개발은 차별화 요소는 물론 테이블 단가를 올릴 수 있는 견인차 역할이 가능하다.

삼겹살을 먹기 전과 후로 나눠, 식전 음식부터 디저트까지 기승전결을 구성하면 더 풍성한 식사 경험이 가능하다. 물론 삼겹살과의 어우러짐, 그리고 콘셉트에 부합하는 선에서 구성해야 함을 잊지 말아야 한다. 어설프게 베끼기 식의 구현이 아닌 제대로 된 상품력을 바탕으로 적극적인 소구 또한 필요하다.

4. 브랜드별 차별적 성공 운영 사례

1) 품종 차별화로 원육품질 명품 돼지 유통 〈맛그린〉

5~6년 전만 해도 스테이크처럼 두툼한 돼지고기를 참숯에 구워 먹는 방식은 상상도 못할 일이었지만 지금은 어딜 가나 접할 수 있다. 좋은 원육을 최대한 맛있게 즐길 수 있는 고객 기준도 상향평준화됐다. '고기부심'이 곧 고깃집의 자존심이다.

㈜맛그린은 2018년 들어 11년 째 되는 독육 생산유통기업이다. 11년전 종돈전문기업인 비육종과의 협업으로 YBD품종을 개발, '얼룩도야지' 브랜드를 주력 판매하고 있다. 지금까지 원육 차별화를 위해 생산유통업체나 식당에서 다양한 방식으로 도입했으나 중요한 건 품종 차별화다.

진한 품미와 쫄깃한 육질의 명품 돼지를 위해 맛그린에서 개발한 얼룩도야지와 듀록은 최근 육류시장에서 각광받기 시작한 품종이다. 얼룩도야지는 YBD의 브랜드명이다. 요크셔와 버크셔를 교배한 후 듀록과 삼원교잡한 품종으로 피부 표면에 얼룩무늬가 있어 얼룩도야지라는 상품명을 붙였다. 듀록(YDD)은 100% 순종만 취급하는 명품 돈육으로 진한 육즙과 단단한 조직감이 특징이다.

식당 경영주들에게 YBD와 듀록이 알려지기까지는 제법 오랜 시간이 걸렸다. 지금이야 명품 돼지로 포지셔닝 됐지만 농장입장에선 생산 원가만 높고 생산성은 떨어지는 애물단지 같은 존재였다. 그럼에도 불구하고 맛그린이 YBD와 듀록 품종 개발에 주력한 이유는 사료나 사육환경, 숙성기술만으로는 원육 차별화에 한계가 있다고 판단했기 때문이다. 새로운 식육문화를 도입하기 위해서는 그릴링이나 숙성 기술보다 신품종 개발로 돼지고기의 원천적인 맛을 구현하는 데 주력해야 한다.

YDB와 듀록의 경쟁력은 우선 맛이다. 일반 백색돼지보다 조직이 단단하면서 지방 함유량이 높다. 즉 육질과 마블링이 뛰어난 품종이기 때문에 고기를 먹었을 때 고소한 맛이 강하고 고기를 씹을 때 육즙이 톡톡 터진다. 결대로 부서지는 듯 한 아삭아삭한 식감도 매력적이다. 소금을 찍지 않아도 고소하고 짭짤하다. 처음 먹어본 고객은 고기에 미원을 뿌려내는 것으로 알겠지만, 최근 듀록을 취급하는 식당들이 늘기 시작했는데 빠른 시간 안에 단골을 확보해가고 있다. '고기 맛이 다 거기서 거기'라고 생각했던 일반 고객들이 듀록맛을 먼저 알아본다.

경영주 입장에서 두 품종은 원가 대비 활용도가 높은 원재료다. 각각 지방 조직이나 마블링 상태가 우수하기 때문에 전 부위를 구이용으로 활용 할 수 있기 때문이다. 전지나 후지, 등심이 마치 삼겹살이나 항정살 같다. 실제로 한 업소에서는 삼겹살, 목살 등과 함께 모듬 메뉴를 내는데 600g에는 전지와 후지가 들어간다. 전지는 삼겹살의 절반가격, 후지는 전지보다 더 저렴하기 때문에 수익을 높일 수 있다. 부위별이 아닌 짝으로 공급 받아 매장에서 손질해 전 부위를 활용하고 그만큼 로스를 제로에 가깝도록 할 수 있는 시스템으로 가고 있다.

현재 일반 돼지보다 유통가가 10~15%정도 비싸다 일반 백색 브랜드 돼지가 1kg당 14000원이고 얼룩돼지는 1만5000원~1만 6000원 듀록은 1만8000~1만9000원 정도다. 원육 품질에 대한 경영주의 안목과 고객 입맛이 상향평준화 되어 이제 돼지고기도 고급스럽게 즐긴다 좋은 품질의 원육에 대한 안목이 생겼기 때문에 얼룩도야지 YBD에 대한 문의도 점차 느는게 사실이다. 이제는 품종 차별화로 외식경영주와 소비자 모두를 만족 시켜야 할 때이기 때문이다.

2) 신개념 드라이에이징 육류숙성고 출현 〈에베레스트〉

1984년 산업용 냉동기 생산업체로 시작한 (주)부성은 1997년 업소용 간냉식 냉장고를 국내 최초로 개발하면서 해외 수출 사업 규모를 키워나갔다. 직접 냉각방식 대신 간접 바람으로 식품 겉면에 냉기를 골고루 분포시키는 간접 냉각 방식으로 IMF 당시 부성은 해외 시장에서 유일하게 주목받은 국내 업소용 냉장고 생산업체였다. 30여 년간 개발한 업소용 냉장고 종류만 수백 가지. 최근에는 육류전문점은 물론 숙성육을 사용하는 외식업소를 겨냥한 신개념 드라이에이징 육류숙성고를 개발, 출시했다.

국내 육류시장에서 숙성의 개념이 어느 때보다 중요해졌다. 5~6년 전부터 육류전문가들은 온도와 습도, 바람 세기와 통풍 정도, 숙성 기간 등의 밸런스를 맞춰가며 드라이에이징에 대한 연구를 시작했다. 서양식 레스토랑에서나 통했던 드라이에이징의 개념을 한우구이에 접목하기 시작했으며 숙성기간이나 온도, 습도 등에 따라 육질과 풍미, 수율 등이 미세하게 달라짐에 따라 숙성은 육류전문점을 운영하는 이들에게 중요한 화두로 자리매김했다. 최근에는 소고기뿐 아니라 돼지고기도 숙성, 특히 드라이에이징을 통해 원육을 차별화하는 곳들도 늘고 있다.

드라이에이징은 일반 경영주들이 섣불리 접목하기엔 리스크가 있다. 육류의 단백질이 지니고 있는 본연의 고소한 풍미를 배가시키면서 새로운 맛을 끌어내는 방식이긴 하지만, 숙련된 기술과 육류 노하우가 있어야 가능하며 그만큼의 연구 시간과 투자비용이 필요하다. 더구나 일반 윗에이징(진공 포장 상태로 냉장 숙성)과 다르게 드라이에이징은 30~50% 이상의 로스가 생긴다. 겉면을 '말리고 썩히듯' 장시간 숙성시키기 때문에 버리는 부위가 많기 때문이다.

부성에서 새롭게 출시한 '음이온 해동숙성고'는 이러한 국내 외식업 경영주들의 니즈를 파악, 드라이에이징으로 원육의 맛을 끌어올리면서 로스를 최소화할 수 있는 신개념 드라이에이징 육류숙성고다. 에베레스트 음이온 해동숙성고는 7일 간의 숙성을 통해 40일의 드라이에이징 효과를 내며 숙성기간을 대폭 단축시키면서 육류 겉면의 손실을 최소화해 실제로 로스가 5% 안팎이다. 기존 30~50%에 가까웠던 로스율에 비하면 상당히 낮은 수치로 원가 절감에 효과적이다. 숙성 온도를 4~5℃로 맞춰놓는 것이 가장 이상적인 매뉴얼이며 특별한 숙성 기술이나 노하우가 없어도 최적의 드라이에이징 육류 맛을 구현할 수 있어 숙성육전문점에서는 반가운 제품이 될 것이다.

실제로 최근 서울에서 '왕십리 맛집'으로 유명세를 얻고 있는 드라이에이징 소고기전문점 '숙성시대'는 부성 에베레스트의 음이온 해동숙성고를 통해 드라이에이징을 효과적으로 구현하고 있다. 숙성시대가 비교적 짧은 시간 안에 젊은 직장인 고객을 단골로 만들 수 있었던 것은 1++ 최상등급의 드라이에이징 한우고기를 합리적인 가격에 판매하기 때문이다. 음이온 해동숙성고로 숙성시간을 단축시키면서 원육의 수율을 높일 수 있어 원가 대비 '생산성'이 탁월하다. 고객은 합리적인 가격에 드라이에이징을 맛볼 수 있어서 좋고, 경영주 입장에서는 원가 경쟁력이 있는 데다 어렵지 않은 방법으로 드라이에이징을 구현할 수 있다.

음이온·원적외선으로 잡냄새 없애고 육즙 살렸다. 숙성고 내부 벽면에는 음이온 세라믹 강판을 적용, 음이온과 원적외선을 발생시킨다. 음이온이 항산화 작용을 하면서 잡냄새를 제거하며 해동 과정에서 핏물이나 육즙이 빠지는 현상을 최소화하기 때문에 원육의 신선도가 유지된다. 양쪽 벽면에는 순환팬이 부착돼있는데 이 순환팬은 세라믹 벽면을 반복적으로 충돌, 자극시켜 음이온과 원적외선이 육류의 중심부에서 표면까지 한 번에 골고루 분포돼 숙성과 해동이 단시간에 이루어진다.

음이온 해동숙성고는 드라이에이징이 아니더라도 일반 육류의 해동, 숙성 과정에서도 유용하게 사용할 수 있는 제품이다. 특히 냉동육이나 수입육 상품화에 효과적이다. 5~6년 전까지만 해도 수입육은 국내산에 비해 품질이 떨어진다는 인식이 강했는데 이는 수입육이 냉동육 상태로 공급되기 때문에 해동 과정에서 핏물이 빠져나왔기 때문이다. 해동 기능을 강화시키면서 원육의 겉과 속을 골고루 단시간에 숙성시키기 때문에 낮은 등급의 원육과 냉동육 그리고 비선호 정육 부위의 활용도를 높일 수 있다.

현재 음이온 해동숙성고를 테스팅 중인 업소들이 많다. 육류전문점에서 숙성이 중요한 요소로 자리 잡은 만큼 출시하자마자 많은 관심을 보이고 있다. 부성 에베레스트는 30여 년간 냉장·냉동기술을 연구하며 업소용 냉장고를 개발해온 회사다. 부설연구소에서는 관련업체와 학교, 연구기관 등과 함께 지속적인 제품 연구개발에 주력하고 있으며 원가절감과 최고의 품질관리를 모토로 신기술을 축적해나가고 있다. 이러한 30여 년간의 성장과정에 고객들이 신뢰를 갖고 신제품 출시 때마다 테스팅하고 구매한다.

음이온 해동숙성고는 기능성 숙성고라고 생각하면 된다. 일반 숙성고가 온도와 시간에 따라 숙성 정도가 달라진다면 음이온 해동숙성고는 원적외선과 음이온 침투로 원육의 누린내를 없애고 풍미를 끌어올리며 1주일 이내 드라이에이징 효과를 낸다. 가격은 일반 숙성고보다 비싼 편이다. 그러나 장기적으로는 원가를 절감할 수 있는 제품이다.

음이온 해동숙성고 특징은 전 공정 해동 → 숙성 → 냉장보관 설정으로 운전되는 전자동 시스템, 생고기는 바로 숙성, 냉동류의 경우 해동 8시간 후 숙성, 냉동상태에 따라 드립 발생이 각각 다르다는 점이다.

숙성 매뉴얼을 본면 돼지고기는 숙성온도 4~5 °C, 숙성기간 1~3일 소고기는 숙성온도 4~5 °C, 숙성기간 2~7일 (최대 20일) 단기 숙성으로 표면 손실률 최소화 (5%안팎) 참치는 해동온도 5 °C, 해동 시간 3~5시간 숙성 온도 2°C 숙성시간 2시간 냉동닭고기는 해동&숙성시간 4~8시간 닭고기의 경우 12시간 이상 숙성은 적합하지 않다.

3) 원육차별화와 착한 가성비, 〈이베리코 흑돼지〉

맛있는 고기를 내기 위해 불판과 그릴링, 숙성, 커팅 등 다양한 방식으로 품질을 높이고 있지만 가장 중요한 건 원육의 차별화다. 하몽(돼지 뒷다리 부분을 통째로 잘라 소금에 절여 건조·숙성시켜 만든 스페인 햄)의 재료로 알려진 스페인 이베리코 흑돼지를 직화

생구이로 선보이는 곳들이 보이기 시작했다. 이베리코에 대한 관심이 집중되고 있다.

이베리코전문수입사 JJ이베리코는 현재 국내에서 가장 큰 규모의 가공공장을 두고 이베리코만 전문으로 수입, 가공하고 있다. 월 수입량은 약 150톤 정도이며 이는 처음 이베리코를 수입하기 시작했던 2015년 6월에 비해 10배가량 증가한 수치다. 현재도 이베리코 수요가 점차적으로 늘고 있다는 것이 JJ이베리코의 설명이다.

이베리코는 곡물을 먹이는 일수를 기준으로 '베요따', '세보데 깜뽀', '세보' 세등급으로 나뉜다. '도토리'라는 뜻의 베요따는 이베리코 중에서도 상위 1%에 속하는 100%순종 흑돼지로 통하며 중간 등급인 세보 데 깜뽀와 세보는 불포화지방 함량의 정도와 마블링, 탄력감등에 따라 조금씩 차이가 있는데 세보 등급이 기름기가 가장 많다. 한국에서 돼지고기는 삼겹살 소비량이 가장 많지만 스페인에서 이베리코 삼겹살은 폐기처분한다. 이베리코 자체가 마블링 함량이 높기 때문에 삼겹살 부위는 지방이 대부분이라 먹을 수가 없기 때문이다. 주로 목살과 늑간살, 치마살, 뽈살, 항정살 등을 한국으로 수입한다.

늑간살은 갈비 부위에서 뼈를 제거하고 살코기 부위만 정형한 것이다. 이베리코의 경우 사육기간이 긴 만큼 살집이 많아 갈빗대 사이에서 늑간살을 정형할 수 있다. 한국으로 수입되는 이베리코 중 목살 다음으로 공급량이 많은 부위가 늑간살이다.

<표8> 국내산 돼지 vs 이베리코 흑돼지

	국내산 목살	이베리코 목살
색깔	붉은 빛	연한 선홍빛
마블링	마블링이 상대적으로 적다	가느다란 촘촘한 마블링
단백질	지방보다 단백질 양이 많다	지방과 단백질이 반반
풍미	담백하고 깔끔한 맛	짭짤한 풍미가 있음
식감	부드럽고 연함	쫄깃쫄깃한 식감
육즙	육즙이 적은편	기름기가 많고 육즙 풍부
가격(1kg)	브랜드 별로 천차만별	14000~17000원

4) 저지방숙성육 상품화 〈감성고기〉

'감성고기'는 정육점 2.0시대를 연 첫 매장이다. 신선한 육류 공급·판매에서 그치지 않고 고급 숙성 기술로 원육 품질을 한 단계 업그레이드해 소비자의 선택 범주를 넓힌 신개념 정육점의 1세대인 셈이다. 감성고기의 경쟁력은 원가가 낮은 육우를 상품화해 '저지방 숙성육'의 키워드를 선점한 것이다.

육우에서 저지방 숙성육으로 상품화를 이룩한 감성고기는 2014년 7월 서울 양재동에 문을 열었다. 국내에서 가장 큰 B2B 장터인 하나로마트와 코스트코가 근처에 있지만 3년이 지난 현재 웬만한 고기 마니아들은 감성고기에서 육류를 구매해갈 정도로 자리를 잡았다.

감성고기가 신개념 정육점의 시초가 될 수 있었던 것은 육우를 집중 상품화했기 때문이다. 소고기 중에서는 한우만 으뜸으로 쳐주는 국내 소비문화, 반면 육우는 한우에 비해 품질이 떨어지는 고기라는 인식이 있는 가운데 감성고기는 육우에 대한 편견을 깨고 육우만의 강점을 살려 '저지방 숙성육'으로 포지셔닝한 것이다.

이곳 대표는 오픈 초창기 소비자들에게 육우의 특장점을 설명하고 이해시키는 데 가장 많은 시간을 보냈다. 아직까지 육우는 젖소라는 인식이 있고 더구나 2011년 구제역 젖소 파동 이후 육우에 대한 인식이 점차 나빠지면서 원육에 대한 근본적인 오해를 푸는 것이 먼저였다.

육우는 홀스타인 종으로 식용육을 얻기 위한 소와 젖소를 별도 구분해 사육하는데 이때 식용육으로 분리되는 소가 바로 육우다. 한우와는 전혀 다른 특성의 품종으로 사육기간이 28~30개월인 한우에 비해 육우는 14~18개월이면 출하 가능할 정도로 생산 시기가 짧아 원가가 비교적 저렴한 것이다. 한우보다 육량 지수가 높고 지방보다는 단백질이 발달된 품종이라 마블링의 지방 맛에 익숙해진

한국의 소비자들에겐 다소 질긴 듯한 식감의 육우가 외면 받을 수밖에 없었다. 그러나 건강에 대한 관심이 증가하면서 육우 같은 저지방육에 대한 니즈도 급증하고 있다.

정육·숙성 기술 노하우는 곧 레시피가 된다. 감성고기는 육가공장에서 1차 작업한 육우의 전 부위를 공급 받아 소분 판매한다. 숙성은 크게 웻에이징과 드라이에이징이 있지만 부위나 마블링, 조직 상태, 조리법 등에 따라 숙성 방식은 각각 수천 가지로 나뉜다. 같은 등심이라도 샤브샤브용은 웻에이징 숙성을, 두께 감이 있는 스테이크용은 웻에이징 후 드라이에이징으로 마무리하기도 하고 불고기용 고기는 얇게 썰어야 하기 때문에 최소한의 숙성으로 식감만 살린다. 뿐만 아니라 원육 부피나 고깃결, 커팅 상태별, 지방이나 단백질 함유량, 연도 등에 따라서도 숙성 온도와 기간을 다르게 설정한다.

드라이에이징 역시 등급이나 부위에 따라 숙성 컨디션이 다른데 보통은 기본 3~4주 이상, 사태나 우둔 등 저지방육 중에서도 단백질이 발달된 부위는 6주 이상까지도 건조 숙성한다. 적절한 온도과 습도에서 알맞게 숙성된 사태와 우둔은 스테이크용으로 사용할 수 있을 정도로 고소하고 식감도 쫄깃하다. 숙성 기간이 긴 만큼 원육 손실률도 높지만 맛과 식감을 살리면서 수율도 높일 수 있는 접점을 잘 찾는 것 또한 정육인의 노하우이자 경쟁력이다. 음식점뿐 아니라 정육점도 마찬가지 레시피의 개념을 접목해야 한다. 좋은 원육을 선별할 수 있는 안목은 물론 원육 맛을 끌어 올리는 숙성 기술은 곧 원육 레시피다.

현재 감성고기에서 판매하고 있는 소고기는 40여 종, 돼지고기는 20여 종이고 육우의 전 부위를 적절한 숙성 방식으로 상품화한 육우 백화점이다.

육우요리의 최적화된 레스토랑으로 도마·카카오도 배송하고 있는 감성고기는 현재 양재점과 도곡점 두 곳의 직영 매장을 운영하고 있다. 도곡점은 바스킷423 건물 내 입점해있고 최근 지하 1층에 '도마' 라는 레스토랑을 별도 오픈했다. 이곳에서 감성고기의 숙성 육우와 신선하고 맛있는 제철 식재료를 활용한 다양한 요리를 판매한다. 이전까지만 해도 감성고기에서 구입한 스테이크 고기를 맛있게 구워주는 공간에 그쳤다면 최근에는 육우 맛을 최상으로 즐길 수 있는 외식공간으로 업그레이드 한 셈이다.

감성고기의 모든 원육은 온라인을 통해서도 활발하게 판매하고 있으며 최근에는 카카오 선물 배송 서비스도 시작했다. 판매 품목은 꽃등심과 불고기. 꽃등심은 '꽃+등심' 으로 박스에 색색의 꽃을 깐 후 꽃등심을 올려 포장한 제품이고 불고기는 '불+고기' 로

향초와 등심을 함께 묶어 배송한다. 이색 아이디어와 깔끔하고 감각적인 패키지로 주문율이 늘고 있다.

현재 감성고기에서 판매하고 있는 소고기는 40여 종, 돼지고기는 20여 종이다. 드라이에이징 역시 등급이나 부위에 따라 숙성 컨디션이 다른데 보통은 기본 3~4주이상, 사태나 우둔 등 저지방육 중에서도 단백질이 발달된 부위는 6주 이상까지도 건조 숙성한다.

감성고기 도곡점은 바스킷423 건물 내 입점해있고 최근 지하1층에 '도마' 라는 레스토랑을 별도 오픈했다. 이곳에서 감성고기의 숙성육우와 신선하고 맛있는 제철 식재료를 활용한 다양한 요리를 판매한다. 육우 맛을 최상으로 즐길 수 있는 외식공간이다.

감성고기는 현재 서울시 서초구 언남길 49 (02-6180-3033)에 소재하고 있다.

5) 프리미엄 고급 정육점 〈에이징룸〉

2016년 12월 서울 서초동 아크로비스타 건물 지하에 문을 연 '에이징룸' 은 프리미엄 정육점 매뉴얼의 A부터 Z까지 다 갖춘 곳이다. 20여 가지의 에이징, 드라이에이징 고급 한우와 제주돼지 부분육을 비롯해 매장에서 직접 만드는 수제 햄과 소시지, 라구소스, 티라미수 등의 PB제품까지 다양하게 판매한다. 원육 마리네이드 서비스와 테이크아웃 메뉴 구성은 덤이다.

전문 숙성기술로 완성한 고급육을 사용하는 에이징룸에서 시도한 가장 큰 차별화 포인트는 선택과 집중, 1+이상 등급의 고급 한우와 제주돼지고기를 선별 판매하는 것이다. 특히 고난이도 숙성기술인 드라이에이징을 접목한 한우 채끝과 티본 부위를 메인 상품으로 내세우고 있다.

한우 채끝과 티본 드라이에이징의 경우 60일 정도 숙성시키는데 원육 상태나 부분별 숙성 정도에 따라 중간 중간 온도 변화를 줘 육질이나 원육 풍미를 끌어올린다. 같은 부위라도 작업 과정이나 공급 과정에서의 온도 차로 저마다 스펙이 다르기 때문에 일정한 간격으로 원육 상태를 꼼꼼히 체크해가며 온도와 습도 등에 변화를 주는 것이다.

사실 판매자의 입장에서 드라이에이징은 마진이 높은 상품은 아니다. 숙성 과정에서 미생물이나 곰팡이가 고기 사이사이 침투하지 않도록 원육 겉면을 깔끔하게 정리하면서

1차 로스가 생기고, 드라이에이징 특성상 겉면을 썩히듯 숙성시키기 때문에 겉면을 제거하고 나면 판매할 수 있는 양은 지극히 한정돼있다. 더구나 에이징룸은 1+이상 등급의 고급한우만 취급하기

때문에 더더욱 원가 대비 수익률은 일반 정육점에 비해 낮을 수밖에 없다. 그럼에도 한우 숙성육을 고집하는 이유는 콘셉트의 명확한 차별화를 위해서다.

돼지고기의 경우 뼈등심 부위를 30일가량 건조숙성해 '드라이에이징 폭찹'으로 판매한다. 뼈등심은 소고기로 치면 립아이(Rib-eye) 부위다. 갈비 쪽에 붙어있는 등심과 삼겹살 부위를 갈빗대와 함께 적절히 살려서 커팅, 바비큐나 스테이크로 구워 먹기에 탁월하며 쫄깃한 식감이 매력적이다.

에이징룸에서 취급하는 원육 부위는 약 20여 가지. 구이용인 한우 등심과 채끝, 안심, 살치살, 부채살부터 돼지 삼겹살, 오겹살, 목살, 등갈비, 안심, 기타 국거리와 육회용 부위를 골고루 판매한다. 한우 안심 중에서도 스테이크용으로 좋은 부위만 작업한 안심 샤또브리앙과 갈비에 붙어있는 특수부위인 안심추리, 치마살 중에서도 가장 맛있는 부분만 작업한 알치마살은 특별 인기 품목이다.

직접 만든 수제 햄·소시지 등 다채로운 제품을 개발하고 있는데 특히 독일식 햄과 소시지, 베이컨 등을 매장에서 직접 만들어 판매하는 부분도 이색적이다. 돼지 등심을 통째로 염지한 후 훈연한 로인 햄과 베이컨, 고운 입자의 햄 안에 쫄깃한 고깃덩이를 넣어 식감을 살린 비어렁켄, 소고기와 돼지고기를 배합해 반건조 훈연시킨

카바노치, 다진 양파가 들어간 뉘른베르거 생 소시지 등 종류도 다양하다. 그 밖에 한우 수제떡갈비와 국거리용 한우 스지, 라구소스, 청오이샐러드, 티라미수 등도 직접 만들어 판매한다.

테이크아웃 메뉴인 카츠샌드(빵과 빵 사이에 돈가스를 끼워 넣은 일본식 샌드위치)도 구성하고 있다. 주문 즉시 돈가스를 튀겨 샌드위치를 만든다. 부드러운 식빵과 바삭하고 고소한 돈가스가 잘 어우러진다. 돈가스만 별도 판매하기도 한다. 돈가스는 일본식 돈가스로 등심에 가브리살 부위를 적절히 섞어 육질이 부드럽고 촉촉하다. 예약 시 직접 튀겨주기도 한다. 구이용 원육과 국거리를 구매하러 왔다가 햄이나 소시지, 소스, 가츠샌드 등을 집어 함께 사가는 경우가 점점 더 늘고 있다. 다양한 제품 판매 육류 이외의 추가매출이 발생한다.

그릴링 노하우·즉석 마리네이드 서비스까지 표방한 에이징룸이 프리미엄 정육점의 A to Z를 표방하는 데는 구체적인 접객 서비스가 한 몫 한다. 스테이크용 한우고기나 고급 드라이에이징을 가정에서도 맛있게 즐길 수 있도록 부위별 그릴링 노하우를 쉽게 설명해주고, 육류요리에 필요한 프리미엄 소금이나 오일 등을 판매하면서 고객이 원할 시엔 오일과 후추 등으로 즉석에서 마리네이드 서비스까지 제공한다.

국거리 같은 경우 작업 시 핏물을 빼지 않아도 된다. 품질 좋은 사료를 먹고 자란 건강한 원육이기 때문에 굳이 핏물을 제거하지 않아도 누린내가 나지 않고 고소한 풍미가 남는다.

6) 훈연과 소금, 시간으로 만드는 정통 가공육 〈소금집〉

재미있는 육가공 공방이 있다. 매장에 들어서자마자 보이는 큼직한 쇼케이스엔 각종 햄과 소시지. 수제 베이컨들이 진열돼있고 입구에는 소금과 꿀, 치즈를 겹겹이 쌓아놓았다. 2016년 오픈한 '소금집'은 수십 가지의 향신료와 천일염, 훈연 과정으로 다양하고 맛있는 육가공 제품을 직접 만들어 판매하는 육가공 공방이다.

100% 자연 방식으로 만든 가공육 차별화를 위해 소금집에 들어서면 독일의 한 작은 마을 정육점에 와 있는 듯한 기분이 든다. 진공 포장된 수십 가지의 햄과 소시지가 진열돼있는 쇼케이스를 지나 주방으로 가보면 한쪽에서는 염지가 끝난 수제 햄을 뭉텅뭉텅 썰고 있고, 반대편에서는 포장된 각종 가공육들을 박스 포장해 '소금집' 마크가 보이는 스티커 작업을 하는 중이다.

소금집은 육가공 제품을 정통 방식으로 직접 만들어 판매하는 국내 몇 안 되는 곳이다. 공장에서 하루 이틀 만에 대량으로 생산하는 가공육이 아닌, 자연에서 나는 각종 신선한 재료와 향신료, 체리나무와 사과나무를 직접 태워 스모크 향을 입히는 나무 훈연 과정과 최적화된 숙성과 염지로 만든 30여 가지의 수제 육가공품을 선보이고 있다.

이곳 오픈 멤버는 첼리스트이자 셰프 출신의 조지 더럼과 싱어송라이터인 장대원 대표다. 포크록 밴드인 '모노반'을 결성해 활동하던 중 앨범 제작비를 마련하기 위해 수제버거 팝업 레스토랑을 열었는데, 버거 안에 넣을 베이컨을 찾던 중 국내엔 정통 방식으로 만든 맛있는 베이컨이 없다는 것을 알고 조지 더럼 셰프는 가정집 옥상에서 돼지고기를 직접 훈연해 베이컨을 만들기 시작했다. 부드러우면서도 탱글탱글하게 씹히는 베이컨의 식감과 짭짤한 풍미에 반해 '본격적으로 팔아보자'는 생각으로 소금집을 기획한 것이다. 오픈 초창기만 해도 베이컨 한 종류만 만들어 판매했지만 현재는 30여 가지의 육가공 제품을 라인업 했다.

생고기나 숙성육을 판매하는 일반 정육점과 달리 소금집은 기계 대신 하나부터 열까지 100% 자연 방식으로 만든 가공육만 판매한다는 점에서 분명한 차별점을 갖고 있다.

소금집은 매장의 절반 이상이 숙성실로 이루어져 있다. 같은 가공육이라도 제품이나 원육 특성에 따라 각기 다른 훈연 과정을 거쳐야 하기 때문에 숙성실 바깥쪽에는 콜드 스모킹과 핫 스모킹 공간으로 각각 분리해놓았다.

숙성·염지·훈연을 거친 천연 델리미트 라인업을 '독보적'으로 갖추고 소금집에서 생산하는 육가공 제품은 크게 훈제와 수비드, 건조 염장·발효 방법으로 나뉜다. 훈연시켜 스모크 향을 입히거나 수비드로 원육을 부드럽게 만든 후 슬라이스한 제품으로는 파스트라미와 제주 흑돼지 햄, 카피콜라, 캐나디안 베이컨, 햄 스테이크 등이 있고 베이컨 류로는 훈제 한돈 베이컨과 이탈리아의 대표 베이컨인 판체타, 돼지 턱살을 염지한 후 100일 이상 건조 발효시켜 만든 관찰레가 있다. 뉴욕 스타일의 델리미트인 파스트라미는 소고기 홍두깨 부위를 사과나무 훈연으로 스모크 향을 입힌 햄으로 고소한 육즙과 후추의 매운 맛이 어우러져 맥주 안주로 판매율이 높다. 카피콜라는 본토인 이탈리아는 물론 영미권에서도 대중적인 햄으로 통하며 돼지 목살을 통째로 숙성시켜 저온 로스팅해 부드러운 식감이 매력적이다.

베이컨에 이어 온라인 판매로 독보적인 사랑을 받고 있는 제품군은 바로 소시지다. 소시지는 별다른 조리과정 없이 콜드 컷해 맥주나 와인 안주로 먹어도 좋지만 오븐 베이크나 포토푀 등 냄비 요리에도 어울려 다양한 연령층이 선호한다. 소시지 종류로는 훈제초리

조소시지와 이탈리안소시지, 안듀이소시지, 허니베이컨소시지가 있으며 훈제초리조소시지는 매콤한 맛과 달콤한 향이 섞인 향신료 피멘톤 베이스로 스튜 재료로 활용했을 때 육수의 감칠맛을 끌어 올린다. 이 밖에 건조숙성한 제품으로는 돼지 목심을 두 달 이상 저온 건조시킨 코파와 소고기를 발효해 치즈 향을 입힌 생햄 브레사올라, 기름기 적은 돼지 등심을 숙성시켜 짭짤한 풍미가 매력적인 론지노 등 30여 가지의 다양한 육가공 제품들을 구성하고 있다.

육류 조리법에 대한 새로운 접근을 위해 소금집을 찾는 단골고객은 육류를 새로운 방식과 조리법으로 즐길 수 있게 됐다는 것에 만족해한다. 단순히 생고기를 불판에 구워 먹는 기존 육류외식문화에서 벗어나 채소나 치즈, 빵에 곁들여 먹기도 하고 다양한 국물요리나 볶음요리의 재료로 활용하면서 최근에는 서양요리 레시피를 물어오는 고객도 늘었다.

이곳은 모든 육가공 제품에는 레몬필, 펜넬, 카이엔페퍼, 클로브, 코리앤더시드, 큐민, 시나몬, 후추 등 20여 가지의 향신료를 적절히 사용한다. 향신료의 믹싱 정도에 따라 각기 다른 감칠맛이 우러나와 요리 재료로도 탁월하다.

7) 원육 숙성육의 PB제품 유통 〈바른고기 파는집〉

'바른고기 파는 집'은 15년간 육류 유통업을 해온 (주)명가푸드에서 운영하는 정육점이다. 2015년 8월 바른고기 파는 집을 론칭, 2등급 한우암소를 드라이에이징 기술로 상품화해 판매하고 있으며 원육 유통 노하우를 살려 육류 가격이 일반 정육점보다 30~40%가량 저렴하다. 바른고기 파는 집은 제2, 제3의 사업 모델을 찾고 있는 국내 수많은 육류 유통업체의 좋은 사례가 된다.

원육·각종 PB제품의 심플한 판매처인 명가푸드는 경기도 하남시에 495.87㎡(150평)규모의 생산공장과 공판장을 두고 소고기와 돼지고기를 생산 유통하고 있으며 '바른포크', '바른한우', '아로니아 돼지왕갈비' 등 30~40개의 자체 육류 브랜드를 갖고 있다.

바른고기 파는 집은 육류 유통업체에서 운영하는 정육점인 만큼 국내 다양한 육가공·생산·업체에서 벤치마킹할 만한 요소를 갖고 있다. 실제로 10년, 20년 이상 육류 유통업체를 운영해온 경영주들이 원육 경쟁력을 바탕으로 新사업모델을 찾고 있으며 대부분 고깃집이나 프랜차이즈 모델을 구상한다. 명가푸드 역시 초창기엔 박리다매형 고깃집을 생각했으나, 좀 더 쉬운 방법으로 육류를 판매할 수 있는 대안으로 정육점을 선택했다. 특별한 노하우 없이도 명가푸드가 갖고 있쭉는 자체 PB제품과 숙성육을 판매할 수 있고 고객은 저렴한 가격에 질 좋은 고기를 구매할 수 있으니 실속형 판매 채널이라고 판단한 것이다.

바른고기 파는 집의 모든 육류는 기존 B2C 정육가보다 30~40% 저렴하다. 15년간의 생산·유통 노하우로 일반 매입가보다 15%가량 저렴한 가격에 원육을 공급 받고 있기 때문에 그만큼 판매가도 저렴하게 책정할 수 있는 것이다.

정육점의 경쟁력은 신선하고 맛있는 원육과 다양한 PB상품, 손쉽게 밥반찬으로 식탁에 올릴 수 있는 양념육 그리고 저렴한 가격대이다. 유통 단계의 축소로 30~40% 이상 저렴한 가격에 판매할 수 있다는 것은 바른고기 파는 집만의 경쟁력이다. 정육점은 일반 외식업소처럼 유행이나 소비 트렌드에 크게 영향을 받지 않기 때문에 균일한 원육 품질과 가격 경쟁력이 핵심이라는 이야기다.

판매하는 원육 제품은 총 40여 가지. 이중 명가푸드에서 자체 생산하는 탕이나 소스, 양념육 PB상품은 10여 가지 정도다.

한우암소 숙성육 판매 활성화를 위해 바른고기 파는 집의 또 다른 포인트는 한우암소를 주력 판매한다는 점이다. 60개월 미만의 2등급 한우 암소를 부위별로 각각 웻에이징, 드라이에이징해 판매한다. 숙성고 한쪽에 드라이에이징한 암소 등심을 통째로 넣어두고 주문 시 커팅한 후 즉석 포장해 제공한다.

재미있는 점은 2등급 원육인 데도 마블링이 촘촘하게 짜여있다는 것. 육안으로 봤을 때는 얼핏 1+ 이상 등급의 등심처럼 보인다. 숙성 시 단백질이 분해되는 과정에서 지방 조직이 발생하며 좀 더 뚜렷해진다.

특히 암소는 새끼를 낳아야 하기 때문에 거세우보다 생산시기가 길어 근섬유가 발달돼 씹을수록 고소한 맛이 돈다. 암소를 숙성했을 때 수백 가지의 아미노산이 분해되면서 생기는 감칠맛과 풍미는 거세우에선 느낄 수 없는 매력 요소다.

이러한 한우암소의 상품화로 바른고기 파는 집은 단골 고객층이 탄탄하게 형성돼있고 간혹 암소고기 마니아들이 소문을 듣고 찾아오기도 한다. 모든 원육은 하남의 자체 육가공 공장과 각지 공판장에서 1차 작업하고 정육점 내 별도 작업장에서 소분해 판매하고 있다.

온라인 채널 다각화를 통해 전체 매출의 30%를 증가시켜 온라인 채널도 다양하게 구성하고 있다. 공식 온라인 쇼핑몰뿐 아니라 페이스북, 카카오, 모두닷컴 등 각종 SNS와 기타 온라인 페이지를 통해 바른고기 파는 집의 콘셉트와 그날 들어온 신선한 육류 소식, 유명 셰프의 레시피 영상 등을 콘텐츠로 제작해 적극적으로 홍보하고 있다. 오프라인 매장뿐 아니라 온라인 채널까지 강화함으로써 20~30대 젊은 단골고객층을 확보하고 있으며, 현재 온라인 판매 매출은 전체 매출의 30% 이상 차지한다.

바른고기 파는 집은 직영 매장을 전국 50곳으로 늘려 나가고 있다. 정육점 특성상 주택가나 아파트 단지, 시장, 복합상가 등 상권에 크게 구애받지 않고 입점할 수 있다.

8) 캐주얼 레스토랑 부럽지 않은 〈바람맛돼지〉

드라이에이징 돼지고기 전문점 〈바람맛돼지〉의 찬 구성은 여느 고깃집과는 조금 다르다. 특히 운영 측면에서 쌈채소, 대신 샐러드를 제공해 원가는 낮추고, 동시에 추가 구성으로 만족도를 높여 추가 주문까지 유도했다는 점에서 주목할 만하다. 〈바람맛돼지〉는 실제로 샐러드가 점포 이미지를 형성하는데 큰 도움이 됐다.

전략에 따라 삼겹살에 약간의 콘셉트 변화를 주면 티핑 포인트 (Tipping Point)로 작용할 수 있다. 기본적으로 삼겹살이 가진 힘이 강력한 만큼, 어떻게 변화시키느냐에 따라 크고 작은 결과를 기대해볼 수 있다.

V

삼겹살 전문점 상권과
점포 선택 운영 전략

1. 삼겹살 전문점 상권과 점포 선택 전략

1) 상권의 분류와 선택

입지 조건을 분석할 때는 다음과 같이 상권에 대한 기본 개념을 알아야 한다. 상권은 거리에 따른 분류와 주거 형식에 따른 분류로 나눌 수 있다.

-거래에 따른 상권 분류

▷1차 상권: 점포 이용 고객의 60~70%가 살고 있는 지역을 말하며, 보통 점포에서 반경 500미터 안을 지칭한다.

▷2차 상권: 점포 이용 고객의 15~25%가 살고 있는 지역을 말하며, 보통 점포에서 반경 1,000미터 이내가 2차 상권이 된다.

▷3차 상권: 1, 2차 상권에 포함되지 않느 나머지 고객이 있는 지역들을 말한다.

-주거 형태에 따른 상권 분류

▷도심지형 상권: 도시의 핵심이 되는 상권을 말하며 유동 인구를

대상으로 매출이 발생한다.

▷거주 타운형 상권: 지역 밀착 상권을 말하며 거주 인구를 대상
으로 매출이 발생하는 상권이다.

▷복합형 상권: 도심지형 상권과 거주 타운형 상권이 복합된 상권
을 말하며 가장 권장할 만한 상권이다.

이외에도 군집 형태에 따라 분류를 할 수 있다. 전문 상가나 동
종 업종이 몰려 있는 상권은 전문 군집 상권이라 말하는데 용산
전자랜드 등이나 각 도시별 먹자골목 등이 이에 속한다. 또 다양한
업종이 서로 보완하여 형성된 상권은 복합 군집형 상권이라 말한
다. 복합 군집형 상권에는 백화점이나 쇼핑센터, 그리고 도심 번화
가를 예로 들 수 있다.

일반적으로 장사가 잘되는 상권을 보면 번화가, 유흥가, 역세권,
업무밀집 지역, 전문상가 밀집지역, 대형 아파트 단지 지역이 장사
가 잘되는 지역이다. 서울이든 지방이든 가장 장사가 잘되는 지역
은 대형 대학가나 종합대학가 앞이다. 규모가 작은 대학이라면 계
절에 따라 변화가 심하겠지만 대형 대학가 앞이라면 1년 내내 비슷
한 매출이 발생된다고 봐도 무방하다.

지방 소도시에서는 군청 건물이 있는 버스터미널 지역, 역앞이

불황을 타지 않고 장사가 잘되는 지역이다.

역세권 상권의 분류를 보면 전철 운행이 끝나는 시간 12시 이후에는 유동 인구가 아예 없다. 그리고 대학 상권은 여름방학과 겨울방학을 합해 6개월을 쉬어야 한다는 단점이 있다.

아파트 상권 또는 주택가 상권은 세대수가 최소한 3천~4천 세대이상이어야 하며, 이럴 경우 자생적으로 발전된 먹자골목도 어느정도 자생력이 생긴다. 먹자골목 안에서 동종 음식점 2개가 나누어먹을 수 있는 판세는 나오지 않으며 동종 음식점 중 어느 한쪽이승리하면 다른 한쪽은 폐점을 해야 할 수도 있다.

오피스 밀집지역과 상가지역은 주 5일 근무로 인해 토, 일요일에는 고객이 없다. 이와 같이 다양한 상권 유형으로 입지 선정이 중시되는데 가장 좋은 상권은 위 4가지 상권이 혼재된 상권이 가장좋지만 임대료 및 권리금 부담이 크다. 2차적으로 노릴 수 있는 상권은 역세권 상권+다른 상권 하나가 혼재된 상권이다.

창업의 핵심은 아이템에 맞는 입지를 선정하는데 있다. 이처럼 중요한 입지를 선정하기 위해서 구체적으로 어떻게 해야 할까? 먼저상권 전체의 성쇠 여부를 파악해야 한다.

어느 지역이든 상권을 형성하고 있는 주 업종은 음식점이라고 할수 있다. 음식점을 위주로 다른 업종이 구색을 맞추어 구성하고 있는 것이 일반적인 상권의 현황이다. 이렇게 형성된 상권에서 개별적인 업종의 경쟁력 확보를 위해서는 고도의 전략적 접근이 요구된다.

2) 일일 판매 실적 집계

창업 준비를 하다 보면 아예 장사가 잘되는 기존 음식점을 이수하는 경우가 있다. 요즘은 포스로 매출이 계산되기 때문에 음식점 주인이 하루 매상을 거짓말하는 경우는 없다. 그러나 포스가 설치되지 않은 음식점의 경우 주인 말만 믿을 수밖에 없다. 그러다가 주인 말을 못 믿게 되면 나중에는 음식점 밖 골목서 육안으로 관찰하는 경우도 발생한다.

그런데 음식점의 하루 매상을 점포 밖에서 파악하는 것은 여간 어려운 것이 아니다. 특히 삼겹살 전문점처럼 술을 함께 판매하는 음식점의 경우엔 매상 파악이 더더욱 어렵다. 이런 음식점들은 점심시간부터 아무리 관찰을 해도 손님이 들어가는 기미가 없기 때문이다.

물론 이처럼 술을 병행 판매하는 경우 점심에 손님이 있을 리 없다. 술손님은 대부분 오후 퇴근 시간 이후에 나타나기 때문이다. 따라서 음식점의 매상을 외부에서 관찰할 때는 무턱대고 관찰하는 것이 아니라 장사가 잘되는 시간을 기준으로 관찰을 시작해야 한다.

테이블 6개가 있는 15평 규모의 음식점이 있다고 가정해 볼 때, 테이블당 객단가를 편의상 3만 5천 원으로 계산한다. 여섯팀의 손님이 들어와 테이블 6개가 꽉 차면 21만 원의 매출이 발생한다. 저녁 시간에 6개의 테이블이 두 번 꽉 찬다고 가정하면 42만 원의 매출이 발생한다. 여기에 배달 주문 하루 평균 5곳을 계산하면 여기서도 10만 원 가량의 매상이 발생하고 점심 고객가지 합치면 대략 봐도 하루 60만 원의 매상이 발생하고 있음을 알 수 있다.

음식점은 이처럼 메뉴에 따라 장사가 되는 시간이 있다. 매상이 얼마인지 관찰하고 싶다면 장사가 잘되는 시간을 기준으로 며칠 동안 계속 관찰하는 것이 좋다. 요일별로 매상이 다르기 때문이다. 예를 들어 일주일 동안의 고객 유입량을 관찰한 뒤 평균을 내면 한 달 매출이 얼마인지 대강 어림잡을 수 있다.

매출에 대한 예측은 사업을 원활하게 수행해 나가는 데 필요한 중요한 단계다. 음식점을 하면서 매출이 늘어나게 되면 당연히 이에 따른 이익도 늘어나기 마련이다. 그러나 이와 반대로 매출이 늘어나도 이익이 나지 않는 경우가 있다. 가격을 너무 낮추었기 때문이다.

간단한 방법으로 매출을 예측해 볼 수가 있다. 규모가 큰 업소에서는 경제 동향 · 물가동향 · 인구 이동 등 여러 가지 요인을 분석하면 매출이 예측되지만, 소규모 업소에서는 과거의 영업 실적을 월별 · 분기별 · 연도별로 작성한 과거의 데이터에 근거해서 할 수 있다. 매출에 대한 예측은 직원 수를 결정하고, 원재료 구입이나 판매비 · 관리비 등을 산출하는 데 있어서 기분이 되기 때문에 두세 번 강조해도 지나치지 않다.

목표이익에 따른 산출 방법은 매출 예측에서 가장 많이 선호하는 방법 중 하나로서, 목표이익액을 사전에 정하고 예상비용과 예상매출총이익률을 고려하여 매출을 예측하는 방법이다. 간단한 수치를 이용해서 목표이익에 의한 산출 방법을 알아보기로 한다.

〈표9〉 목표 이익 산출 방법

(가정)
예상목표이익: 2,000만원
예상매출 총이익률: 20%
부대비용예상액: 1,000만원

(공식)
예상목표매출액 × 예상매출총이익률 - 부대비용예상액 = 예상목표이익

예상목표매출액=(2,000만원+1,000만원)/20%=1억 5천만원

예상목표이익 2,000만원을 얻기 위해서는 1억 5천만 원의 매출을 올려야 한다. 예상목표이익을 세울 때는 자신이 운영하고 있는 업종에서 취급하는 메뉴 가격이나 상권 등을 신중하게 분석해야 한다.

잠재 구매력에 따른 산출 방법은 이 방법으로 쉽게 매출을 예측할 수 있으나, 정확도 면에서 다소 문제가 있다. 매년 통계청이나 기타 정부산하연구소에서 1세대 당 또는 개인이 지출하는 금액인 '가계소비조사'를 발표하는데 바로 이 지표를 이용해서 산출하는 것이다. 그러나 고객에 대한 소비 조사 연구는 취급 항목이 상당히 많고, 범위 또한 넓기 때문에 해당 지역의 예상매출을 정확히 집계하는 데 문제가 발생할 수 있다. 그러나 해당 지역에 대한 소비 조사가 제대로만 이루어진다면, 이것보다 더 정확한 수치는 없을 정도로 신뢰성이 높은 수치라고 할 수 있다.

상권 내 잠재 구매력
= 상권 내 세대수×취급상품에 대한 1세대(1인)당 연간 평균지출액

직원 1인당 매출액에 따른 산출 방법: 음식점을 운영하려면 직원을 고용해서 음식을 만들고 서비스를 제공하여야 한다. 이때 일일

매출액을 집계하여 직원 수로 나누게 되면 직원 1인당 매출액을 얻어낼 수 있다. 이를 두고 직원 당 매출액이 높은 경우 직원에 대한 생산성이 높다고 한다. 특히 외식 관련 체인업체에서는 모든 매뉴얼이 표준화되어 있기 때문에, 직원 1인당 매출액을 쉽게 얻어 낼 수 있다.

> 예상매출액=매장 평수×평당 매출액

매장의 평당 면적에 따른 산출 방법: 아무리 규모가 크고 면적이 넓다고 하여도 매출액과는 별개일 수가 있다. 즉 이 말은 매장의 면적과 매출액이 비례할 수도 있고, 그렇지 않을 수도 있다는 것이다. 이때는 매장의 평당 면적을 기준으로 매출액을 산정할 수 있다. 즉 하루 총매출액을 매장 면적이 차지하는 평수로 나누게 되면 평당 매출액을 얻어낼 수 있다. 이 방법은 메뉴의 종류가 유사한 업체가 많이 들어서 있고 메뉴 가격이 유사한 외식 업체 군이 집단으로 밀집되어 있는 곳에서 활용해 볼 수 있다.

> 예상매출액=매장 평수×평당 매출액

업소의 잠재구매력에 따른 산출 방법: 해당 외식업소에서 그 지역

내에서의 잠재 구매력을 고려하여 예상점유율을 확인한 뒤 유사업종과 비교하여 매출을 예상하는 방식이다. 그러나 처음부터 잠재구매력을 예측하기란 무척 어려운 일이기 때문에 새로이 시작하는 업소라면, 일단 자신이 운영하고 있는 외식업소의 전체 매장 면적을 확인한 뒤 전체 점유율에서 차지하는 예상비율을 감안하여 계산할 수 있다. 이 경우에도 마찬가지로 매장 면적이 해당 지역의 유사 업종과 비교하여 유사한 면적의 외식업소에 맞추어 매출을 예상하면 된다.

> 해당 지역 내 상권에 대한 예상매출액
> = 상권 내 세대수의 합×1인당 외식비

고객 수에 다른 산출 방법: 외식업소에서는 일단 매장 면적에 고객이 앉을 수 있는 좌석수와 좌석 당 하루 평균회전율이 얼마나 되는지의 여부와 해당 외식업소의 하루 평균회전율이 얼마나 되는지 여부와 해당 외식업소의 하루 평균 이용고객의 이용률을 근거로 하여 계산을 한다. 예를 들면, 좌석수 50개의 이용률이 20%, 좌석당 회전율이 '3회전'이라고 한다면 50×0.2×3=30명이 된다. 즉 '하루 30명의 고객이 다녀간다'는 사실과 같다. 그러나 이때 좌석 수는 테이블과 온돌 등 다양하기 때문에 해당 외식업소에서는 좌석수를 몇 개로 정할 것이지를 생각하여야 한다. 온돌방인 경우 5인이 착석할 수도 있고, 때로는 의자의 형태에 따라서 7인이 앉을 수도 있다.

고객단가에 따른 산출 방법: 외식업을 운영하면서 가장 먼저 생각해야 할 것이 있다면 우선 고객 1인당 단가가 얼마나 되는지를 계산하는 일이다. 아무리 매출이 많이 올라도 실제 매출과 고객 단가는 별개일 수가 있기 때문이다. 예를 들면, 저가 삼겹살을 전문으로 판매하는 업소와 일반 삼겹살을 판매하는 외식업소에서는 상호 매출액이 하루 동안 같다고 하더라도 각각의 업소에서의 개개 단가는 분명히 다르다. 저가 삼겹살을 전문으로 판매하는 업소에서는 1인당 고객 단가는 상대적으로 일반 삼겹살 전문점을 판매하는 업소보다 낮다고 할 수 있다.

예상매출액(월)=고객 수×고객 단가×영업일 수
고객 수=
업장 내의 좌석 수의 합(온돌, 입식좌석 등)×이용률×회전율

---

3) 음식 맛의 규격화

음식점을 경영할 때 가장 시급한 작업은 항상 맛있는 맛이 나오

도록 규격화하는 작업이다. 특히 음식점을 처음 창업하는 초보자들은 항상 음식이 맛있도록 조리 과정을 규격화하는 작업이 절실하다.

"음식의 조리 과정을 과연 규격화할 수 있을까?" 여기서 규격화란 재료를 계량화하고 조리하는 순서를 서면으로 기록하는 작업을 말한다. 음식도 건물을 건축하는 것과 마찬가지로 규격화가 되면 항상 동일한 맛 또는 항상 맛있는 맛이 나온다.

〈표10〉 음식 재료별 맛 분석

재료	맛
식용유, 참기름, 마요네즈(지방)	고소한맛
육류(단백질/지방)	감칠맛+담백한맛+단맛/고소한맛
콩반찬류(콩단백질/탄수화물)	감칠맛+담백한맛/단맛
커피, 코코아, 티(알카로이드)	소량섭취원칙/쓴맛+상쾌한맛
맥주(휴물론)	쓴맛
간장, 된장, 김치, 젓갈(나트륨)	짠맛, 삼삼한맛, 칼칼한맛
육수, 버섯, 해조류, 간장, 된장(아미노산,	감칠맛(구수한맛), 삼삼한맛

글루탐산)	
어류	감칠맛
고추(캡사이신)	매운맛
양파, 마늘, 파, 부추, 순무, 겨자(황화학물)	매운맛
생강(진저론)	매운맛
울금, 카레(커큐민)	매운맛
계피(시나믹 알데하이드)	매운맛
산초(산술)	매운맛
티, 감, 커피, 도토리(지방산, 알데히드, 탄닌)	떫은맛
쌀(탄수화물)	단맛
참깨(지방)	고소한맛
설탕, 과당, 포도당, 꿀	단맛
구연산	신맛

맛집의 맛 배합 키포인트

① 감칠맛+감칠맛은 감칠맛을 상승시킨다. (오래가는 음식점의 중
   요한 비법이다.)

② 감칠맛+적량의 소금은 감칠맛을 상승시킨다.(오래가는 음식점의

중요한 비법이다.)

③ 고소한맛+고소한맛은 고소한 맛을 상승시킨다.(오래가는 음식점
의 중요한 비법이다.)

④ 매운맛은 맛이 아니라 통각이다. 매운맛은 계속 먹으면 점점 약
해진다.

⑤ 단맛에 설탕을 넣으면 단맛이 더 상승한다.

⑥ 짠맛은 신맛으로 억제할 수 있다.

⑦ 신맛은 설탕으로 억제할 수 있다.

⑧ 쓴맛은 설탕으로 억제할 수 있다.

4) 프랜차이즈 본사 선택

최근 프랜차이즈 형태의 창업이 붐을 일으키고 있다. 그러나 프
랜차이즈인 경우에도 창업자가 먼저 알고 해야 할 과제가 있다. 바
로 본사가 가지고 있는 노하우 분석이다.

다른 업종도 그렇겠지만 특히나 삼겹살전문점 창업을 결정할 때
는 경쟁력에 대한 고민을 매우 깊이 하게 된다. 현재 외식시장에서
삼겹살전문점은 그야말로 치열한 생존경쟁을 하고 있기 때문이다.

독립창업인 경우에는 유통, 조리법, 경영방법 등 창업자 자신의

노하우에 따라 사업의 전개가 가능하지만, 그렇지 않을 경우 어쩔 수 없이 프랜차이즈를 검토할 수밖에 없다. 이때 브랜드 선정에 어려움이 따르게 되는데 치밀한 준비 작업이 필요하다.

저가형 삼겹살전문점일 경우, 메뉴 가격이 저가라고 해서 아웃테리어, 인테리어 시설에 신경을 덜 써도 된다고 생각하면 크나 큰 오산이다. 고기값이 싸다고 고객이 느끼는 심리까지도 저가일 수는 없기 때문이다.

또한 와인숙성, 된장숙성, 김치, 녹차숙성, 마늘숙성, 허브 등 웰빙 삼겹살일 경우도 다양성과 보편성에 대한 고객의 의문을 극복해야 하는 문제는 해결해야 하고 상권 선정에도 많은 고민을 해야 한다. 브랜드 파워가 확보되어 있고 노하우가 구축된 업체를 선정해 사업 타당성을 분석했다면 한결 더 가벼운 마음으로 창업을 시도할 수 있을 것이다.

프랜차이즈 가맹점 창업은 본사가 가지고 있는 경영 노하우와 지원을 토대로 진행하므로, 가맹점은 특별한 기술이나 노하우가 없어도 어려움 없이 점포 경영이 가능하다.

그러나 삼겹살전문점의 경우 인테리어 업체나 로스터 업체 등과 같은 장비 및 시설관리업체가 가맹본사를 운영하는 경우도 있고, 새로운 아이디어를 개발하거나 유통 상의 유리함 때문에 프랜차이즈 본사를 시도하는 경우도 있다. 그러나 가장 바람직한 것은 조리의 탁월함이 확보되어야 한다는 것이다. 겉모양보다는 맛이 중요하기 때문이다.

프랜차이즈로 창업하고자 한다면 본사 홈페이지에서 6개월 이상 운영한 가맹점 여러 곳을 찾아가 투자금액과 본사 지원, 수익성 등의 구체적인 내용을 직접 확인한 후 신중하게 결정을 해야 한다.

<표11> 삼겹살 관련 프랜차이즈 업체 목록

상호명	홈페이지주소
돈데이	www.donday.co.kr
떡쌈시대	www.ttokssam.co.kr
보성녹돈	www.gtpork.com
신씨화로	www.sinssi.co.kr
도네누	www.donenu92.co.kr

2. 삼겹살 돼지고기 상품 부위별 용도와 활용 전략

돼지고기에는 탄소의 결합수가 모두 수소로 채워진 포화지방산이 많이 함유되어 있다. 포화지방산은 분자 결합이 안정되어 있어서 쉽게 산화되지 않는다. 같은 동물성 지방이라도 생선의 불포화지방산은 쉽게 산화되는데 비해 식육의 지방은 산화 폐해가 적어 그만큼 인체에 효과적으로 작용한다.

포화지방산을 다량 섭취하면 동맥경화나 고지혈증이 발생하는 것으로 알려져 있으나, 포화지방산이 반드시 그 원인 때문만이 아니라는 연구 결과도 있다.

1) 돼지고기의 주요 부위별 특징과 용도

돼지고기의 3대 부위는 항정살, 갈매기살, 가브리살이다. 그리고 일단 구이용으로 보면 삼겹살, 목살, 앞다리가 있다. 구이, 보쌈, 수육, 찌개 등 쓰이는 곳은 같으나 맛에 조금씩 차이가 난다. 이중에 가장 저렴한 부위는 앞다리다. 가격이 싼 만큼 맛은 제일 떨어진다고 할 수 있다.

〈표12〉 돼지고기 부위별 용도와 맛

구분	특징	용도
항정살	- 목살과 앞다리 사이에서 손바닥 만한 크기로 조금 밖에 안 나오며 마블링이 좋아 매우 부드러우며 쫄깃한 부위다. - '천겹살' 이라 부르기도 한다.	구이, 찜
가브리살	- 목살과 등심 사이에서 항정살과 마찬가지로 손바닥만하게 조금 밖에 안 나오며 맛과 모양이 항정살과 비슷하여 일반인은 일반적으로 구분하기 어렵다. - 색이 다른 부위에 비해 조금 더 붉다.	생구이, 양념구이
갈매기살	-사람으로 말하자면 '횡경막'을 말하는데, 길쭉한 모양으로 지방이 가장 없는 부위이며, 한 마리에 단 2줄만 나온다. -소고기 맛이 나며, 연하고 부드러운 육질이다.	구이, 산적, 전골
삼겹살	-살코기와 지방이 서로 층을 이루어 돈육 특유의 풍미를 맛볼 수 있는 부위다. -갈비를 떼어낸 부분에서 복부까지의 부위로, 근육의 지방이 삼겹을 이루고 있다.	삼겹살 샤브샤브, 삼겹살 양념구이, 삼겹살 감자찜, 삼겹살 배추볶음, 철판구이
목살	-등심에서 목으로 이어지는 부위로서, 짙은 붉은색을 띠며 힘줄이 중심에 들어 있어서 비교적 질긴 편이다. -지방질은 적은 편이며, 살코기가 많다. -여러 근육과 지방층으로 구성돼 풍미가 좋고 육질이 부드럽다.	소금구이, 보쌈, 구이, 장조림, 찌개, 카레, 주물럭
등심	- 지방이 적당히 섞여 있으며, 고기 색깔은 광택이 있는 얇은 핑크색이다. - 삼겹살 다음으로 지방이 많은 부위로 5~6㎝ 두께의 지방층이 있다. - 절단면 중앙부에 있는 타원형이 클수록 맛이 좋다.	돈가스, 카레, 자장, 사과소스 스테이크, 불고기, 샤브샤브

구분	특징	용도
안심	-지방이 가장 적고 칼로리가 낮은 부위다. -담백하고 부드럽다. -돼지고기 중에서 육질이 가장 부드럽다. -지방이 적어 맛이 담백하므로 두툼하게 썰어 고기 자체의 맛을 살리는 요리에 적당하다.	구이, 장조림, 수육, 보쌈
전지	-어깨 부위의 고기로서 약간 단단하며 안쪽에 어깨뼈를 때어내면 넓은 피막이 나타난다.	로스, 국거리, 보쌈, 편육, 불고기, 카레, 돼지갈비의 양념육, 돈가스
후지	-고기 색깔이 짙고 육질이 비교적 질긴 편이다. -지방이 적은 부위여서 가열하면 단단해지기 쉽지만, 큼직하게 썰어 조리하면 연해진다.	우거지국, 불고기전골, 만두전골, 부대찌개, 된장뚝배기, 탕수육, 돼지불고기, 김치구이, 고기잡채, 나물볶음, 사태찜, 불고기, 찌개, 수육, 보쌈
갈비	-옆구리 늑골(갈비)의 첫 번째부터 다섯 번째 늑골부위를 말하며 근육 내 지방이 잘 박혀 있어 풍미가 좋다.	바비큐, 불갈비, 갈비찜
아롱사태	-앞 사태를 말한다. -기름기가 없는 반면에 육질이 쫄깃하다. -찌개에도 사태를 넣으면 쫄깃한 맛을 느낄 수 있다.	족발, 보쌈, 수육
뒷사태	-아롱사태에 비해 약간 더 퍽퍽한 쪽이라 생각하면 된다.	
뽈살	- '뽈대기살' 을 말하며, 돼지 뒷다리 중에서도 엉덩이 부분을 뜻한다.	찌개, 다짐육
꽃살	-목살에 동글동글한 모양이 꽃같다 해서 '꽃살' 이라 부른다.	구이 로스, 찌개

자료: 양승근, 한진배 『삼겹살 전문점 창업하기』, (서울: 크라운출판사), 2013, 164-166.

2) 삼겹살 부위별 커팅과 분할에 따른 요리 방법

트리밍의 기본 작업 없이 돼지고기 두께의 변화만으로도 수많은 아이템을 손쉽게 만들 수 있다. 또한 반가공품을 만드는 데 시간도 그만큼 단축될 수 있는데 이들 부위별 적용 요리를 도식화 시켜 보면 다음과 같다.

〈표13〉 돼지고기의 커팅 두께에 따른 적용 요리

두께	적용 요리
10cm 이상	로스용, 돼지고기 구이용
2cm	스테이크용
1.5cm	소테용(볶음용)
1cm	커틀렛용(돈까스용)
7mm	로스구이용
3mm	불고기용
2mm	스끼야끼용, 불고기용
1mm	샤브샤브용

〈표14〉 돼지고기의 부위별 분할과 적용 요리

부위	분할		적용 요리
삼겹살	-6등분 -3mm -1~2mm	세팅 → 구이용, 수육용 세팅 → 구이용 세팅 → 샤브샤브용	삼겹살샤브샤브, 삼겹살양념구이, 삼겹살감자찜, 삼겹살 배추볶음, 철판구이
목살	-2등분 -10~15mm -5mm -2~3mm	세팅 → 수육용 세팅 → 스테이크용 세팅 → 철판구이용 세팅 → 양념구이용	목살콩나물찜, 라조육, 목살파말이, 목살보쌈, 목살 배추찜, 철판구이
등심	-중간 10cm -중간 2cm -10~15mm -7mm -2~3mm -1mm	세팅 → 수육용, 찜용 세팅 → 스테이크용 세팅 → 볶음용, 불고기용, 구이용, 가스용 세팅 → 로스용, 튀김용 세팅 → 불고기용 세팅 → 샤브샤브용	돈가스, 사과소스 스테이크, 미니 커틀렛 폭찹, 불고기, 샤브샤브
갈비	-원형 -피스 -피스 포 -3mm(직각) -1mm	세팅 → 바비큐용 세팅 → 구이용, 찜용 세팅 → 양념 구이용 세팅 → 구이용 세팅 → 불고기용	갈비감자국, 갈비김치국, LA 갈비바비큐, 갈비찜, 폭립, 양념구이

부위	분할		적용 요리
안심	-2~3등분 -7㎜ -3㎜	세팅 → 수육용, 찜용 세팅 → 튀김용, 구이용 세팅 → 가스용, 양념구 　　　이용	안심폭찹, 구이, 수육, 보쌈
전지	-2~3등분 -7㎜ -3㎜	세팅 → 수육용 세팅 → 구이용, 불고기 　　　용 세팅 → 찌개용	순두부뚝배기, 샐러리 볶음, 김치찌개, 콩나물 피망 잡채, 수육대파편채
후지	-설도 3~7㎜ - 설 깃 원 형 　3~7㎜ -볼기 5~7㎜ - 사 태 원 형 　5~7㎜	세팅 → 불고기용 세팅 → 조림용 세팅 → 꼬치용 세팅 → 구이용, 불고기 　　　용 세팅 → 찜, 튀김용 세팅 → 구이용, 불고기 　　　용 세팅 → 찜, 튀김용	우거지국, 불고기전골, 만두전골, 부대찌개, 된장뚝배기 탕수육, 돼지불고기, 김치구이, 고기잡채, 나물 볶음, 사태찜
갈매 기살	-원형 -원형칼집	세팅 → 구이용 세팅 → 구이용, 찜용	철판구이, 고기잡채

자료: 양승근, 한진배 『삼겹살 전문점 창업하기』, (서울: 크라운출판사). 2013. 170-172.

삼겹살 부위 원형은 단면이 적육과 지방이 교대로 3층 정도로 형성되어 있다고 해서 '삼겹살'이라고 불린다. 어깨등심과 함께 가장 돼지고기다운 농후한 맛이 나는 부위다. 용도는 구이용, 베이컨용, 편육 및 찜용, 베이컨으로 주로 가공하여 사용한다.

삼겹살 부위의 조리 포인트로는 국내 소비량이 가장 많은 부위로 넓은 범위로 이용되는 삼겹살은 로스구이용으로 가장 많이 이용되고 그다음 토막구이로 구이, 카레, 찌개, 조림용으로 시간을 들여 요리하면 부드러운 맛을 더해준다. 삼겹살은 지방이 적당량 섞여 있어 샤브샤브로 요리할 경우에도 부드러운 맛을 즐길 수 있다.

삼겹살 부위의 영양을 보면 지방의 섭취는 포화지방산과 불포화 지방산과의 균형 있는 섭취가 중요한데, 지방이 가장 많ㄴ이 함유되어 있는 삼겹살의 경우 양질의 지방을 섭취할 수 있는 이상적인 부위라 할 수 있다.

목등심 및 목전지 원형의 경우 어깨 부위의 로스다. 목등심과 목전지로 나누어지며, 적육 속에 지방이 굵은 망상으로 박혀 있고 적육과 지방 사이에는 섬유질이 있다. 살결이 약간 거칠로 단단하지만, 맛이 짙고 가장 돈육다운 육질 부위다. 살결이 약간 거칠로 단단하지만, 맛이 짙고 가장 돈육다운 육질부위다. 점포에서는 얇게 썰거나 토막고기 또는 덩어리로 판매하고 있다. 구이용, 불고기용,

스튜용, 스프 및 카레 등의 용도로 적합하다.

목등심 및 목전지의 조리시 삶거나 구워도 좋고 카레, 스튜, 불고기, 돈까스, 스끼야끼, 로스트 포크 등 여러 가지로 이용 가능하다. 토막이나 슬라이스로 사용 시에는 적육과 지방 사이에 있는 섬유질을 절단하고 사서 요리한다.

또한 허브삼겹살의 경우 허브에 삼겹살을 숙성시킨 삼겹살을 허브삼겹살이라 한다. 이때 숯불로 구울 경우 담백하고 구수한 맛을 제대로 느낄 수가 있다. 푸짐하게 고기를 먹고 싶은 날에는 참숯불 갈비허브삼겹살을 선택해 보길 권한다. 삼겹살 마니아들도 충분히 만족할 만한 맛과 양이다.

그 밖에 짚불구이삼겹살에 있어서도 짚불에 초벌구이를 해서 나오는 삼겹살로 짚불에 구워 그 향이 짙게 배아 농촌에서 자란 사람이라면 고향 향수를 느끼게 해주면서, 동시에 돼지고기 특유의 느끼한 맛을 상쇄시켜 준다. 그러나 전문 화덕을 맞춰야하기 때문에 이로 인한 비용이 만만치 않다는 단점이 있다.

이외에도 삼겹살에 일일이 칼집을 내는 방법이 있는데, 벌집 모양의 사선으로 칼집을 내 고기의 육질을 부드럽게 한다고 하여 '벌집삼겹살'로 불리기도 한다. 또한 칼집을 낸 삼겹살을 특제 된장에 재운 뒤 석쇠 위에 올려놓고 참숯으로 굽기도 한다.

삼겹살은 소비자의 기호를 충족시켜가면서 삼겹살의 퓨전화는 계속돼 왔는데 솔잎삼겹살, 한방삼겹살, 통후추삼겹살, 오징어먹물삼겹살, 낙지쭈꾸미삼겹살, 해초삼겹살, 된장박이삼겹살, 바비큐삼겹살, 토마토삼겹살, 허브삼겹살, 와인삼겹살, 벌꿀고추삼겹살, 꽃가루된장삼겹살, 숙성김치삼겹살, 매실숙성삼겹살, 칼삼겹살 등 다양하게 사업화되고 있다.

차별화 방법을 끊임없이 찾아 소스를 직접 고기에 재우기도 하고, 소스를 통해 찍어서 먹도록 하기도 하고 고객들의 기호를 충족하기 위해 여러 가지 시도가 이루어지고 있다.

3) 삼겹살의 숙성과 굽는 방법에 따른 종류

(1) 숙성방법에 따른 종류

삼겹살을 그냥 그 자체로 내놓기보다는 다양한 재로를 섞어 일정 시간 숙성시킨 상품이 많다. 주로 숙성 재료로는 와인, 녹차, 솔잎, 연잎, 뽕잎, 고추장, 허브, 마늘 등이 사용되어지고 있다.

· **와인삼겹살**: 삼겹살에 있어서 숙성 재료의 붐을 일으킨 선두주자가 와인삼겹살이라 할 수 있다. 와인의 향긋한 향이 돼지고기 특유의 누린 냄새를 없애 주는데 탁월한 효과를 발휘해 특히 여성에게

인기가 높다. 삼겹살을 와인과 여러 가지 재료를 적절히 조화시켜 일정 기간 동안에 숙성시킨 후 이를 상품으로 내놓는다. 와인이 고기를 부드럽게 해주고, 그 향이 배어 있어 고기 맛이 기가 막히다.

· **된장삼겹살**: 된장에 갖은 양념을 적절하게 혼합하여 된장소스를 만든 다음, 삼겹살을 이에 절이는 조리 방식이다. 이렇게 숙성된 된장삼겹살은 부드러운 맛이 일품이고, 독특한 향으로 고객을 사로잡는다. 우리나라 사람들은 구수한 된장 맛에 익숙해져 있어, 고객들의 호감도가 높다.

· **대(통)나무삼겹살**: 삼겹살을 대나무통에 넣고 숙성시켜 조리한다. 돼지기름이 빠지고 대나무의 향이 짙게 배어 새로운 느낌의 매력을 선사한다. 또한 대나무는 심장질환, 당뇨, 두통 등에 효과가 있으며 대나무의 속껍질에는 해열, 진구 등의 약리 효능이 있다.

· **바비큐삼겹살**: 삼겹살을 꼬치에 꿰어 바비큐처럼 뱅글뱅글 돌리며 굽는다. 비계의 기름기가 제거되는 과정을 고객들이 눈으로 볼 수 있는 공간이 있는 경우라면, 더욱 효과가 크다.

· **매실삼겹살**: 매실은 알칼리성 식품으로 소화 불량, 피로 회복에 좋고 체질을 개선하는 효과가 있으며 혈압 속에 있는 지방을 녹여주는 작용을 한다. 이러한 매실이 삼겹살과 만나면, 삼겹살의 지방을 상쇄시켜 준다.

(2) 삼겹살 굽는 방법에 따른 분류

숯불이나 연탄구이는 전통적으로 많이 쓰이는 방법이다. 전기나 가스를 사용하면 관리하기에는 편할지 모르지만, 삼겹살 마니아층의 관심을 끌기에는 힘들다. 독특한 맛을 내기 위해 볏짚을 태우는 방법을 사용하기도 한다. 강원도 지역에서 유래한 이 구이 방법을 프랜차이즈화한 업체도 있다. 화로구이는 대형화로에 숯불을 많이 넣어 양념된 삼겹살을 화끈하게 구워내는 방식으로, 홍천에 이런 음식점이 대거 몰려 있다. 먹거리장터는 횡성식으로 매장마다 대형가마를 설치해서 참나무 숯으로 달군 뒤 쇠꼬챙이에 꽂은 삼겹살 덩어리를 넣어 익혀 판다.

매장에 따라 가스, 숯 등을 사용하여 여러 가지 불판으로 조리를 한다. 이에 따라 삼겹살을 굽는 방법도 달라지는데 그 유형을 정리해보면 다음과 같다.

첫째, 불판을 올린다. 삼겹살은 기름기가 많은 부위이기에, 뜨거워진 불판과 닿는 시간이 짧아야 한다. 어떤 연료를 이용하든지 불판이 달궈진 상태를 확인한 뒤 고기를 올리도록 한다. 미리 올려놓으면 쇠의 표면장력으로 고기가 들러붙는다.

둘째, 불판이 달궈진 것을 확인한다. 손바닥을 불판에 가까이 대면 화기가 올라오는 정도를 감지할 수 있다. 불판이 달궈졌다는 것을 판단하는 정확한 기준은 없지만, 손을 불판에서 5㎝ 정도에 댔을 때 뜨거운 기운이 올라오면 천천히 고기를 올리도록 한다.

셋째, 삼겹살을 불판에 올린다. 불판에 너무 낳은 고기를 올리면 맛있게 먹을 수 없다. 귀찮더라도 한 번에 구울 수 있는 적당한 양만 불판에 올려 여러 번 나눠 굽는 것이 좋다. 또 육즙이 살짝 올라올 때까지는 고기를 뒤집지 않는다. 육즙이 빠지는 것을 어떻게 막느냐에 따라 고기 맛을 더 좋게 할 수 있다.

넷째, 익은 것은 불판 가장자리에 놓고, 김치를 올려 굽는다. 너무 잘게 자르면 씹는 맛이 떨어지기 때문에 적당한 크기를 고수하고, 상추와 깻잎은 부드러운 쪽이 바깥으로 가도록 해서 먹는다.

3. 삼겹살 전문점 메뉴 구성과 경쟁 전략

1) 메뉴 종류별 구성

메뉴 구성은 고기 부위, 생산지, 유통 방법, 조리 방법, 식자재 등을 고려하는 것이 좋다. 또한 사업장 소재지의 수요자 형성 및 주변 상권의 경쟁상황 및 메뉴 구성에 따른 판매도 등을 분석하여 결정하여야 할 것이다. 고객에게는 메뉴에서 느끼는 이미지가 만족의 시작이기 때문이다. 일반적으로 외식업의 메뉴 설정에는 트라이앵글 법칙에 따라 메뉴를 설정하는 방법을 시도한다. 이는 주메뉴, 부메뉴, 보조메뉴 등으로 구분할 수 있다.

즉 주메뉴는 모든 음식의 중심이 되고, 간판메뉴라고 할 수 있으며, 부메뉴는 다양한 고객의 욕구를 충족시킬 수 있는 부가적인 메뉴라 할 수 있다. 이로 인해 메뉴를 선택하는 폭을 넓혀줄 수 있다. 그리고 보조메뉴는 제3의 수익 모델에 대한 구축으로 사용하면 이상적일 수 있다. 예컨대 삼겹살에 대한 매출시간이 대부분 저녁 시간대인데 이를 극복하기 위해 적극적으로 점심메뉴를 개발하는 전략은 사업을 활성화시키는 데 좋은 방향일 수 있다.

〈표15〉 삼겹살전문점의 메뉴 종류

고기 메뉴의 종류	
생삼겹살	유자삼겹살
와인삼겹살	마늘삼겹살
솔잎삼겹살	허브삼겹살
녹차삼겹살	고추장삼겹살

김치삼겹살	매운삼겹살
양념삼겹살	등심
항정살	갈매기살
식사 메뉴의 종류	
계란찜	모듬버섯
알밥	모듬해물
모듬야채	냉면
잔치국수	볶음밥
양푼비빔밥	김치막국수
김치전	김치 · 된장 · 순두부찌개
뚝배기불고기	김치찜
열무국수	계란말이

자료: 양승근, 한진배 『삼겹살 전문점 창업하기』, (서울: 크라운출판사), 2013, 217.

치열한 경쟁의 구도가 형성이 되어 있는 상권에서 단일메뉴 전략으로는 만족할 만한 매출을 이룰 수가 없다. 이를 극복하기 위해서는 식사메뉴를 적극적으로 개발해야 한다.

최근 삼겹살전문점 등 고기 관련 음식점에서는 점심시간대의 고객을 유치하기 위한 노력에 상당한 심혈을 기울이고 있다. 점심식사는 저녁시간대의 메뉴보다 가격이 저렴하고 음식 맛이 좋은 메뉴를 결정하는 센스가 필요하다. 예를 들어 점심메뉴 특선으로 삼겹살정식, 돼지고기전골, 돼지고기된장찌개, 돼지고기김치찌개 등의 메뉴와 갈비탕, 냉면, 얼큰국수, 잔치국수, 열무국수 등의 메뉴를 개발하여 주메뉴 못지않은 효과를 기대할 수 있다.

2) 삼겹살 맛을 좌우하는 소스와 양념장

삼겹살전문점에서는 일반적으로 고기의 상태에 따라 맛이 결정된다. 그러나 좋은 고기와 어울릴 수 있는 소스의 확보는 상당히 중요하다. 경우에 따라서는 소스와 양념장이 사업의 성패를 좌우할 정도로 중요한 요소가 될 수도 있다.

삼겹살은 보통 쌈장이나 기름장에 찍어 먹는 게 일반적이다. 하지만 어느 삼겹살전문점에서나 볼 수 있는 일반적인 소스로는 까다로운 고객 입맛을 맞추는 데 한계가 있다. 소스 하나만 제대로 신경써도 삼겹살 맛을 향상시킬 수 있다.

소스는 요리의 맛과 형태, 그리고 수분의 함유 정도를 결정하기 때문에 고기를 먹을 때 상당히 중요하다. 현재, 음식점마다 다양한 종류의 방법들을 사용하고 있다.

〈표16〉 삼겹살에 사용되는 소스와 양념장

구분	재료	만드는 방법
사과소스	사과 1개, 버터 1큰술, 설탕 2큰술, 물 1컵	-사과를 적당한 크기로 썰어 버터를 넣고 볶는다. -물 1컵을 부어 푹 삶아지면 체에 거른 다음 설탕을 넣고 조린다.
파인애플 소스	버터 20g, 다진 양파 1/2개, 파인애플(통조림) 2개, 녹말가루 1큰술, 소금 1작은술	-냄비에 버터를 넣고 중간 불에서 다진 양파를 넣고 볶는다. -녹말가루에 잘게 선 파인애플, 소금을 넣고 걸쭉해질 때까지 끓인다. -새콤한 파인애플맛이 고기의 느끼한 맛을 희석한다.
양파즙과 일 양념소스	양파,사과 1/4개, 파인애플 1/2개, 당근 50g, 마늘 2쪽, 간장, 올리브유 2큰술, 맛술 1큰술, 식초 3큰술, 설탕 약간	-양파, 파인애플, 사과, 당근을 믹서에 넣고 간 다음 간장, 올리브유, 맛술, 식초를 넣고 골고루 젓는다.
겨자소스	양겨자 2큰술, 간장, 식초, 설탕 2작은술, 레몬즙 1/2큰술	-모든 재료를 한데 넣고 잘 젓는다. -고기를 찍어 먹기에도 좋지만, 샐러드드레싱으로 내놓아도 좋다.
콩가루간 장소스	간장2큰술, 콩가루·식초1큰술, 물 2작은술, 설탕 1/2큰술	-간장, 식초, 물을 섞은 뒤 설탕을 넣고 녹인다. -콩가루를 함께 넣고 젓는다. -일반적으로 쓰는 대표적인 양념이다.
소금기름 소스	소금 1/2작은술, 참기름 1큰술	-종지에 소금을 넣고 참기름을 붓는다. -삼겹살과 함께 제공하는 가장 기본적인 소스다.

바비큐소스	껍질 간 토마토 1개, 토마토 케첩 2큰술, 고운 고춧가루·간장·우스터소스 1작은술, 설탕·맛술 1큰술, 후춧가루 약간	-뜨겁게 달군 팬에 토마토를 넣고 으깨가며 뭉근하게 끓인다. -달콤하면서도 톡 쏘는 맛의 소스가 완성된다.
야채소스	무즙 2큰술, 당근즙 2큰술, 양파즙 1큰술, 다진 마늘 1큰술, 간장 4큰술, 실파 약간, 레몬즙 약간, 올리브유 1큰술, 참기름 약간	-재료를 갈아 잘 섞는다. -골고루 저어 가며 잘게 간다. -신선한 야채소스는 삼겹살을 찍어 먹어도 좋고, 구운 삼겹살 위에 뿌려 먹어도 좋다.

자료: 양승근, 한진배 『삼겹살 전문점 창업하기』, (서울: 크라운출판사), 2013, 219.

4. 삼겹살 전문점 판매, 영업 전략

1) 술 어떻게 팔 것인가? 주류 판매 접근 방법

노릇한 삼겹살에 술 한 잔 빼놓기는 썩 쉬운 일이 아니다. 하지만 그렇다고 술을 잘 파는 것 또한 쉽지 않은 일. 주류 매출을 올리고, 나아가 부가적인 상승효과를 얻으려면 전략이 필요하다.

　최근 삼겹살 전문점에서 다양한 주류를 접목하는 움직임이 활발하다. 삼겹살엔 소주라는 인식도 조금씩 깨지고 있는 듯하다. 특히 수제맥주 등 여러 프리미엄 맥주를 맛볼 수 있는 삼겹살집들도 심심찮게 보인다. 고급 소주는 물론 이따금씩 전통주도 등장한다. 결론부터 얘기하면 이런 주류를 팔기는 결코 쉽지 않다. 구비만 해둔다고 알아서 찾아 마시지도 않는다.

　해답은 삼겹살과 주류를 함께 묶는 번들링(Bundling)에서 찾아볼 수 있다. 삼겹살과 조화는 물론, 타깃팅도 고려해야 한다.

2) 여심 어떻게 살 수 있나, 여심 유인 전략

　여성 고객의 비중이 높은 삼겹살 전문점들을 조사한 결과, 갈대와 같은 여심을 사려면 '디테일'과 '다양한 즐거움', 이 두 가지가 공략 포인트로 꼽힌다. 무엇보다 여심을 잘 이해하는 것부터 시작으로, 핵심은 '오래 앉아서, 이야기 나누며 먹는, 맛있는 음식' 이 세 가지다. 머물고 싶은 감성적인 분위기는 강점이 되며 주류 판매까지도 이어질 수 있는 주류는 비교적 순하면서 맛있는 구색으로 즐길 수 있으면 좋은데, 맥주류 등이 비교적 적합하다.

여심공략에도 상품력은 기본 요소이며, 준수한 삼겹살은 물론이고, 곁가지 구성을 확대해 다양하게 즐기며 질리지 않도록 도울 필요도 있다. 다양한 맛도 선호 포인트다.

맛있는 삼겹살집으로 각인시키는 방법에 대해 결론부터 얘기하면 특별한 비법이 없다는 것이다. 오히려 가장 기초적인 부분들에 집중해야 한다. 그중에서도 특히, 미소를 전하는 친절함을 넘어 '전문성 있는 서비스'를 갖출 필요가 있다.

삼겹살은 고기를 구워 먹어야 하는 다소 까다로운 외식이다. 전문성 있게 구워주는 그릴링은 맛있다는 인상을 심어주기 충분하다. 일례로 신설동 대박 삼겹살 전문점은 웬만해선 고객이 집게를 잡을 수 없다. '고기는 우리가 가장 맛있게 잘 굽는다'는 자신감을 전하는 것이다.

3) 교대삼겹살, 따라 하기

'격전지'라 불리며 교대 상권을 뜨겁게 달구고 있는 아이템, 삼겹살, 삼겹살로 한 가닥 하는 '선수'들이 모여 인근 고깃집 퀄리티 기준점을 한층 끌어 올려놓았다. 모두 다른 콘셉트와 강점으로 무장, 억 소리 나는 매출까지 내고 있어 주목하지 않을 수 없다. 교대를 통해 상권과 삼겹살에 대한 인사이트를 얻는다.

교대 14번 출구, 어떤 상권이길래 고객들이 몰릴까? 교대는 깊숙이 들여다보면 재밌으면서도 어려운 상권이다. 출구별 기관에 따라 특성이 명확하게 나뉘기 때문이다. 메인 상권은 8,9번~14번 출구 아래까지 이어지며, '만맛거리'라는 이름으로 2013년 서초구에서 특화거리로 지정된 바 있다. 지역 특성상 법조인과 직장인들이 주 고객층으로 구매력이 있는 것이 특징이다. 약 2년 전부터 집중 주목 받아 본격 활기를 띄기 시작, 외식인들이 탐내는 상권이기도 하다. 최근 주변 상권 내 신규 개업과 폐업의 회전이 빨라지며 점포 교체 빈도가 높아지고 있는 상황. 활기는 띄지만 생존은 쉽지 않다. 모 외식전문가는 "교대는 상품력을 기반으로 전문성과 개성을 갖춘 점포일 때 경쟁력이 있다"며 "가벼운 저가나 유행형 프랜차이즈 아이템은 운영이 어려울 수 있는 상권"이라고 조언한다.

평균 매출 1억, 파이 나눠도 강력한 흡인력을 갖고 있는 교대 메인 상권 내 영업이 활발한 삼겹살 전문점을 보면, 모두 다른 콘셉트로 운영 중인데 프리미엄 숙성육 전문점부터 어린 암퇘지구이와 된장 전문점, 초벌구이, 그리고 참숯직화구이 전문점까지 색깔이 뚜렷하다. 구이 스타일 뿐 아니라 곁들여 내는 찬, 식사, 그리고 인테리어까지 달라 고객 선택 폭이 높다. 서로 멀지 않은 거리에 위치함에도 모두 월평균 억대 매출을 올리고 있어 주목할 만하다. 탁월한 점포 운영 능력과 상권의 특성 모두를 감안하더라도 '삼겹살' 아이템이 가진 힘과 폭발력을 다시 한 번 확인할 수 있는 대목이다.

개성, 강점의 뚜렷한 자만 살아남는다는 원칙은 이곳에도 통한다. 상권이 지닌 장점만으로 웬만큼은 장사가 될 거라 생각한다면 오산이다. 신규 집객은 물론 단골손님으로까지 연결시키려면 차별화된 강점과 개성이 필수적이다. 독보적인 인테리어를 확보하는가 하면, 두툼한 스테이크형 고기 자체에 집중하며 고객을 끌어당기고 있다. 또 참숯직화의 강점을 살린 양대창 도입으로 콘셉트 형성과 추가 매출을 공략하기도 한다. 고객의 편의를 최대한 살려 초벌하려 구워주는 삼겹살도 마니아층을 확보하고 있다. 이처럼 명확한 셀링포인트가 뒷받침 되지 않으면 매출 기대는 어렵다.

핵심은 매스 프리미엄이다. 경기 불안정으로 몇몇 점포를 제하고 대다수의 소고기 전문점들이 고전하고 있다. 경기 소재 'ㅎ'한우 전문점인 경우 1만원대에 질 좋은 한우를 제공함에도 매출부진을 겪는다. 소고기의 실체감 문턱이 높기 때문이다.

교대 상권 또한 상황이 다르지 않아. 반면 삼겹살 전문점이 활기를 띄는 이유는 기본적으로 돼지고기 문턱이 낮기 때문이다. 구매력 있는 상권이기에 평균 객 단가 2만원대의 프리미엄 돼지고기로 틈새 니즈를 충족시킨 것. 이처럼 불경기에는 상관과 전략에 따라 고급육보다 객 단가 2만원대의 메스 프리미엄(Mass Premium) 삼겹살이 가능성 있음을 교대 상권을 통해 미루어 볼 수 있다. 탄탄한 기본기에 차별점을 더한 삼겹살은 고급육 소비에 대한 소비자 니즈와의 갭을 조금은 메울 수 있다는 것이다.

2016년 5월 말 오픈한 삼겹살 전문점 〈미강식당〉은 오랜 준비 시간만큼 다사다난을 겪어 탄생했다. 약 5년 전부터 창업을 계획한 이곳의 대표는 순간, 설렘과 기대가 혼재하는 지금과 달리 창업 준비는 순탄치 않았다. 아이템 선정부터 점포 선정까지 뭐 하나 쉬운 일이 없었다. 외식 관련 업력도 정보력도 충분하지 않았다.

퓨전 감자탕부터, 막국수, 야식집, 카페까지 고민 안 해본 업종이 없었다. 매번 계획이 무산됐던 이유는 부족한 사업 타당성과 매출 확장성, 그리고 지속성 때문이었다. 더 큰 난관은 넉넉지 못한 창업 자금이었다. 1억이 채 못 미치는 자본 때문에 입지 선택과 업종 선택 폭이 좁았다. 어느 정도 추가 자금 확보도 필요했지만, 적당한 때를 찾는 물리적인 기다림도 필요했다. 자본이 부족한 만큼 권리금 등의 비용을 줄여야 했다. 무권리 대로변 점포 계약으로 이어졌다. 잠실 종합운동장 인근으로 야간까지 이어지는 상권이었고 주차

공간도 있었다.

다음 단계는 가장 중요한 아이템 선정. 상권의 시장성, 매출 도약 등을 고려해 삼겹살을 창업자가 조리경력이 없었기 때문에 주방 노하우가 비교적 덜 필요한 업종인 고깃집이 적합하다고 판단했다. 기간대비 비교적 폭발력 있는 매출을 올릴 수 있는 업종인 이유도 있었다. 삼겹살은 직화 스타일로 정했고, 몇 가지 해장국을 도입해 콘셉트를 잡았다. 식사와 고기외식 모두 가능한 고깃집을 목표로 했다. 또한 창업을 앞두고 찬부터 식사메뉴, 운영까지 점포 준비에 필요한 부분들을 매칭해준 전문가들에게 교육받았다. 이렇게 오픈을 준비하는데 소요된 자금은 보증금 5000만원, 인테리어 2500만원, 그리고 기타 시설비와 잡비를 모두 포함해 총 1억. 잠실동 소재 112,4m2((34평)의 직화구이 전문점임을 감안하면 현저히 최소화 시킨 비용이다.

그밖에 폭발력 있는 아이템으로 삼겹살의 무한 가능성을 위한 영업 전략을 위해 국내에서 삼겹살 입지는 두말하면 입 아프다. 그럼에도 삼겹살이 지닌 힘에는 다시 한 번 이야기할 필요가 있다. 삼겹살이 흘러온 세월은 지난 30여년이 전부지만, 전 국민의 애정을 받는 아이템이 될 수 있던 이유는 단연 맛이다. 삼겹살만큼은 웰빙 트렌드에 역행하는 현상만 미루어 봐도 그렇다. 수육도 국내산 전지보다 잘 삶은 수입산 삼겹살 부위를 활용하는 것이 더 흡입력 있다는 외식 전문가들의 의견 또한 힘을 보탠다.

요즘처럼 고급육 식당의 문턱이 높아진 시점에 삼겹살은 더 큰 폭발력을 지닌다. ㈜일미락푸드네트웍스는 삼겹살은 경기가 좋으면 좋은 대로, 안 좋으면 안 좋은 대로 매력 있는 아이템이라며, 삼겹살의 강력한 시장성을 주장한다. 약 132.2m2(40평)의 점포에서 월 매출 1억8000~2억원을 기록한 점포 사례도, 앞선 교대 사례도 삼겹살의 폭발력과 잠재력을 대변한다.

① **패러다임, 조금씩 바꿔가야**: 삼겹살 전문점의 수는 꾸준히 증가 추세다. 이는 다양한 고깃집의 출현을 의미하기도 하지만, 유사한 고깃집의 증가도 함께 시사한다. 몇 년 전부터 서서히 인기를 모아오던 두툼한 스테이크형 삼겹살은 이제 그리 새롭지 않은 이야기가 됐다. 찬 구성과 후식 식사류 또한 비슷해졌다.

삼겹살이 흘러온 흔적을 보면 원육 변화와 부가 요소들의 차별화 두 가지가 핵심이다. 웰빙에 대한 관심은 기본, 미식에 대한 관심 또한 높아지고 있으므로 소비자가 기대하는 '고깃집의 기본'에는 충분히 집중해야 한다. '기본'은 '양질의 식재료와 맛'을 뜻한다. 동시에 기존의 카테고리를 벗어나는 시도를 통해 새롭고 다양한 패러다임을 만들어가야 할 필요가 있다. 생고기 일변에서 다시 벗어나 볼 수도 있고, 다양한 주류와의 이색 마리아주를 찾거나, 서양 음식에서 힌트를 얻어 볼 수도 있을 것이다. 삼겹살은 임계치를 감히 예상할 수 없을 만큼 또 다른 잠재 가능성이 있는 시장이다. 낯설도록 급진적이지 않은 선에서 새로운 패러다임을 만들어볼 필요가 있다.

② **동네1등 만드는데 주력하라:** 식당을 운영하는 데 있어 첫 번째로 가져봄직한 목표는 '동네 1등'을 목표로 하는 것이다. 외식에서도 시장이 점차 세분화되고 있는 만큼, 특정 업종의 1등을 목표하는 게 적합하다. 삼겹살 또한 동네1등 삼겹살집을 만드는 데 먼저 주력할 필요가 있다. 삼겹살은 점포수가 많은 만큼 굳이 찾아가는 외식과는 거리가 있는 아이템이다. 동시에 탄탄한 삼겹살집은 동네 상권에서 기본은 해낼 수 있기에, 상품력을 바탕으로 차별화 요소를 갖춘다면 경쟁력으로 작용 가능함을 주목해야 한다. 수도권 내 유명 삼겹살 전문점들의 시작도 대부분 그랬다. 따라서 시작은 동네 1등 삼겹살을 만드는 것부터 시작해야 한다.

③ **삼겹살 품질 관리 전략:** 숙성보다 중요한 '좋은 원육'을 확

인하고, 검증된 브랜드육으로 상품력을 높인다. 그리고 무한리필도 원육으로 승부하며 양념 삼겹살로 틈새시장이 될 수 있다. 두께별 테이스팅 분석기를 도입하여 철저한 품질 관리를 하고 삼겹살 원육 차별화를 흑돼지와 상황버섯 돼지 등을 사용한다.

④ **삼겹살전문점 성공 전략**: 고기의 신선도를 유지해 맛으로 고객을 리드하되 제품은 항상 신선하고 다양한 밑반찬은 대박 식당의 최대 경쟁력이라는 점을 명심해야 한다. 또한 경쟁력 있는 점심메뉴를 개발해 고정매출을 창출하되 누구도 모방할 수 없게 소스를 개발해 경쟁력을 강화한다. 아울러 깨끗한 매장과 아늑한 분위기로 편안하게 외식을 즐길 수 있는 분위기를 연출하며, 서비스는 식당 경영의 기본으로 종업원과 함께 한마음으로 접객서비스를 일원화한다. 또한 안정된 공급업체를 선정해 고기에 대한 수요예측을 정확히 하고, 홍보·마케팅 전략에 끝은 없다. 매출의 일정부분을 할애해 지속적으로 투자한다. 그밖에 점심 장사보다는 저녁 장사에 치중하되, 정기적으로 유명 식당을 찾아가 벤치마킹을 지속한다.

VI

삼겹살 우수 브랜드 성공 전략

1. 한류의 새로운 주역, 세계를 물들인 〈팔색삼겹살〉

㈜ 팔색푸드매니지먼트 〈콩불〉과 〈팔색삼겹살〉이 2013년을 맞아 새신을 신었다. 2017년 들어 9주년을 맞은 〈콩불〉과 그 동안 분리되었던 〈팔색삼겹살〉이 합병해 ㈜팔색푸드매니지먼트 법인으로 재탄생한 것이다. 당초 〈콩불〉 브랜드는 〈팔색삼겹살〉에서 점심메뉴이던 것이 큰 인기를 모으며 하나의 브랜드로 탄생해 프랜차이즈 시장에서 폭발적인 인기를 불러낸 바 있다.

1) 〈팔색삼겹살〉 해외에서 러브콜 줄줄이

㈜팔색푸드매니지먼트 대표는 하루가 멀다 하고 일본, 말레이시아, 중국 등으로의 출장이 잦은 가운데, 인천공항을 집 드나들 듯 출입하고 있다. 이미 지난 2011년에는 미국 LA에, 2012년는 호주 멜버른에 〈팔색삼겹살〉을 오픈하고 문전성시를 이루고 왔다. 한류의 열풍과 함께 삼겹살 열풍에도 불을 지피고 있는 것이다. 지난 2013년 1월에는 일본과 계약을 맺고 오는 5~6월경에는 오사카에 5층짜리 건물에도 입점하였다. 중국과는 지난 2012년 11월 마스터프

랜차이즈 계약을 맺고 점포를 오픈했으며, 2013년 3월 중순경에는 말레이시아와의 계약이 성사되기도 했다.

2) 독창성 넘치는 아이디어, 외식에 접목하다.

〈팔색삼겹살〉은 특히 인삼, 와인, 솔잎, 마늘, 허브, 된장, 고추장 등 건강을 생각한 재료만 엄선해 웰빙삼겹살 맛을 추구한다. 소스 맛이 약한 것부터 제일 강한 맛을 느낄 수 있는 고추장까지 순서대로 세팅돼 있기 때문에 놓인 순서대로 구워먹으면 제 맛을 즐길 수 있다. 여기에 김치와 콩나물의 아삭한 식감도 고기 맛을 한층 특별하게 한다. 물론, 다양한 소스 맛의 삼겹살은 취향에 맞게 단품으로도 주문이 가능하다. 삼겹살과 더불어 신선한 해산물로 맛을 낸 해물된장찌개도 인기다. 메뉴를 주문하면 삼겹살에 앞서 '해물된장찌개'가 나오는데, 새우, 오징어, 홍합 등 신선한 해물들이 듬뿍 담겨 입맛을 돋운다. 찌개를 먹고 난 뒤엔 국물에 밥과 모짜렐라 치즈를 넣어 볶아 먹는 맛도 일품이다. 이미 입소문이 나 국내 공중파는 물론, 일본, 태국, 대만, 홍콩 등지에 맛집으로 방송을 타면서 신촌점의 경우엔 외국인 고객만도 60~70%를 넘어설 정도다.

3) 특허 및 상표법으로 브랜드 자산과 가치 지켜

〈팔색삼겹살〉이 더욱 특별한 것은 팔색세트판, 팔색세트판 디자인, 테이블 투버너 시스템 등이 특허 및 상표법으로부터 보호받고 있다는 점이다. 테이블 투버너 시스템은 실혈을 기울인 기술력으로, 테이블 본체에 2개 조리수단을 갖추고 각각 다른 음식물이나 동일 음식물을 다른 조리방법으로 동시에 즐길 수 있도록 했다.

(주)팔색푸드매니지먼트는 〈콩불〉브랜드를 론칭해 점포를 전개해 나갈 때에도 이와 비슷한 아류 브랜드들이나 메뉴들이 속출해 자사 브랜드와 가맹점이 큰 피해를 봤다. 이에 〈팔색삼겹살〉만의 독창성과 권리를 지켜나가기 위해 이와 같은 안전장치를 해놓고 앞으로도 다양한 아이디어를 접목한 신규브랜드나 운영시스템 등을 속속 개발해 차별화시켜 나가고 있다. 〈팔색삼겹살〉은 앞으로 20~30개 점포 개점과 함께 해외 진출도 본격화시키고 있는데 한국의 대표 국민 음식인 삼겹살의 한류 K-Food가 본격적으로 외국에도 진출하게 되는 것이다.

2. 저온숙성 삼겹살 페델리니면 냉파스타 〈핏제리아오〉

1) 피자+삼겹살의 조화

대학로 마로니에 공원 뒤편에 위치한 나폴리 피자전문점 〈핏제리아오〉의 냉파스타가 시원한 파스타를 찾는 소비자들 사이에서 화제다. 이곳의 '냉파스타'는 이탈리안 정통에 한국인의 입맛 취향을 제대로 반영한 탁월한 메뉴라는 평가를 받고 있다.

차갑게 먹는 이탈리안 파스타샐러드는 매우 다양하다. 하지만 그 파스타샐러드들이 모두 우리 입맛에 맞는 것은 아니기 때문에 핏제리아오만의 특별한 냉파스타를 제공하고 싶었다. 그래서 여러 개의 냉파스타를 만들어 많은 검증과정을 거치면서 이탈리안의 정통과 한국적 맛의 교차점을 찾기 위해 노력했다. 재료가 가진 특성, 조리법, 맛, 모양 조리 후 테이블에 내는 적절한 시간 등 재료부터 조리과정, 서비스시간까지 세세하게 조율하고 대중고객의 입맛에 맞는가를 다양한 방법으로 테스트를 거친 후에 결국 가는 면의 차가운 파스타면에 묵직한 삼겹살스테이크를 올린 냉파스타가 완성된다.

2) 최고의 경쟁력 맛과 서비스로 승부

‘음식의 정의는 맛’ 이며 어떤 독창성을 가미해도 기본적인 맛은 지켜야 한다. 다 먹을 때까지 쫄깃한 숙성도우, 유기농 식재료, 화덕에서 굽는 나폴리피자로 건강한 음식을 제공한다는 자부심을 가진 핏제리아오는 가을엔 단호박을 사용한 메뉴, 겨울엔 매운맛이 강한 아라비아따 메뉴를 개발하여 차별화를 꾀하고 있다. 이탈리아 피자 전문점의 파스타에 한국 고유의 국민 메뉴인 삼겹살의 조화는 누가 보더라도 이채롭고 경이적이다. 순수 한국 정서에 맞는 한식 고유의 정서에서만 즐기던 삼겹살을 이탈리아식 레스토랑이라는 새로운 이미지와의 조화 또한 최고의 가치와 경쟁력을 갖게 한다.

3. 한우된장술밥과 함께 먹는 삼겹살 〈가현산 생고기〉

1) 명품 돼지 삼겹살로 감칠맛 승부

인천 송도신도시에 위치한 〈가현산 생고기〉는 삼겹살전문점이다.

2015년 5월 오픈한 이곳은 송도 인근의 맛집 중에서도 제대로 된 명품 돼지고기를 맛볼 수 있는 곳으로 입소문을 타고 있다. 멜젓은 제주도에서 직접 공급받고 있으며, 잘 익은 갓김치와 파김치도 직화 돼지고기의 맛을 더욱 돋우는 반찬이다. 구이에는 마늘고치를 함께 제공하며 무료로 제공하는 돼지껍데기도 쫄깃한 맛이 일품이다.

2) 숙성+직화+식감으로 고객 만족도 제고

가현산생고기는 사이드메뉴도 인기를 끌고 있다. 술과 함께 든든하게 즐기라는 의미에서 개발한 '한우된장술밥'은 구수한 된장에 곱게 다진 한우고기, 부드러운 두부와 밥을 넣어 함께 끓인 것으로, 된장의 구수함과 한우의 부드러움이 어우러져 별미로 통한다. 이 한우된장술밥은 단순한 후식메뉴가 아닌 고객이 구이메뉴와 함께 꼭 주문하는 메뉴로 가현산생고기의 시그니처메뉴로 거듭나고 있다.

가현산생고기는 웰빙형 육류전문점을 겨냥해 매장 한쪽에는 샐러드바를 설치, 다양한 쌈 채소와 장아찌, 젓갈류 등을 무한대로 가져다 먹을 수 있도록 했으며, 후식으로 간단한 과일류도 구비해 고객 만족도를 높이고 있다.

4. 화덕 초벌구이 통삼겹살 전문점〈화통삼〉

프랜차이즈 삼겹살 전문점 중 이례적으로 화덕 초벌구이시스템을 도입한 〈화통삼〉은 삼겹살전문점의 새로운 패러다임을 제시하고 있다.

1) 800℃ 화덕 통삼겹 구이

'우리동네 최고로 맛있는 화덕 통삼겹살'을 슬로건으로 내건 〈화통삼〉(구 화통집)은 화덕에 초벌구이 한 삼겹살로 여타 고기전문점과 차별화한 신생 프랜차이즈 브랜드다.

화통삼은 피자를 굽는 화덕을 삼겹살전문점에 도입해 통삼겹살을 800℃ 고온화덕에서 순간적으로 구워내 육즙은 살리면서 특유의 고기 비린내와 기름기는 쫙 뺀 맛있는 삼겹살을 선보이고 있다.

이곳 삼겹살 맛의 비결은 화덕 초벌구이뿐만 아니라 자체 개발한 염지비법도 한 몫 한다. 화통삼 본사인 ㈜행복한상상F&B에서는 롯데후레쉬포크와 보성녹돈삼겹살를 납품받아 안산 공장에서 비법의 염지를 한 후 1℃ 숙성고에 48시간 동안 저운 속성시킨 부드러운 육질의 삼겹살을 각 가맹점에 납품하고 있다.

㈜행복한상상F&B는 고기전문점은 맛은 기본이고 가맹점주와 고객 모두가 고기를 굽기 편리하도록 비법의 염지 삼겹살로 기본 맛을 잡아주고, 각 매장별 맞춤형 화덕에서 초벌구이 후 내놓음으로써 고객이 보다 손쉽게 맛있는 삼겹살을 먹을 수 있도록 배려했다.

2) 쇼와 재미가 있는 동네 사랑방 콘셉트

화통삼은 직영점 운영부터 시작하는 여타 프랜차이즈 브랜드와 달리 가맹점을 먼저 오픈해 가맹점주들로부터 성장 가능성을 입증받은 브랜드다. 화통집 가맹 1호점인 가락본점의 경우 리모델링 오픈 이후 입소문을 타고 132㎡(약 40평) 매장에서 월 평균 8000만~9000만 원대의 매출을 올리며 승승장구하고 있다.

㈜행복한상상F&B는 화통삼의 성공비결로 화덕, 돌판, 맛, 인테리어, 서비스 5가지를 꼽았다. 특히 26인치 대형 돌판위에 고기와 채소를 함께 구워 맛볼 수 있도록 한 점은 고객들로부터 높은 호응을 얻고 있다. 매장 인테리어 역시 모던 빈티지를 콘셉트로 심플하게 연출해 남녀노소 누구나 편안하게 고기를 즐길 수 있으며 가족단위 고객도 많은 편이다.

화통삼은 쇼와 재미가 있는 동네 사랑방을 지향한다. 이곳 브랜드는 초벌 삼겹살에 불도장으로 상호를 찍어 브랜드를 다시금 인지하게 하고, 고객에게 특별한 경험을 선사하는 불쇼 등의 퍼포먼스를 통해 쇼와 재미가 있는 '우리 동네 맛있는 화덕통삼겹살집'으로 포지셔닝하고 있다. 불쇼의 경우 단순한 재미뿐만 아니라 실제 고기에 남아있을지도 모를 잡내를 최종 제거하는 기능적인 역할도 한다. 화통삼에서는 26인치 대형돌판위에 불도장으로 상호를 새긴 고기와 채소, 찌개 등을 함께 맛볼 수 있는 것이 특징이다. 모던하고 차분한 분위기의 인테리어에 붉은색을 포인트 컬러로 활용, 화덕을 강조한 점이 돋보이며, 젊은 감각의 화통삼 매장외관, 불쇼 등을 통해 고객들에게 특별한 경험과 재미를 선사한다.

3) "B급 상권에 적합한 고기전문점"

화통삼은 B급 동네상권에서 A급 매출 창출을 목표로 경쟁력을 높인 삼겹살전문점이다. 현장 실무 경험이 풍부한 이곳 대표는 남녀노소 누구나 좋아하는 대중적 메뉴인 삼겹살을 창업아이템으로 경쟁력을 놓이기 위해 많은 연구를 했다. 그 결과 삼겹살전문점으로서는 흔치 않은 화덕 초벌구이시스템과 26인치 대형 돌판을 도입

했고, 비법의 염지와 저온숙성으로 고기 맛을 잡아줌으로써 초보창업자도 손쉽게 매장을 운영할 있도록 했다.

삼겹살전문점은 삼겹살의 대중적 인기만큼이나 동네 골목골목에 입점해 있어 경쟁이 치열한 업종 중 하나이다. 영세한 고깃집들이 화통삼 프랜차이즈 가맹사업을 통해 보다 경쟁력 있는 점포로 거듭나고 있어 영원한 국민 선호 메뉴로 섬겹살 전문점으로서의 명성을 선도해 나가고 있다.

5. 고급 원육과 명품 김치, 〈삼김화로구이〉

1) 삼겹살과 김치의 만남

분당에 위치한 〈삼김화로구이〉는 돼지고기 구이 전문점이다. 상호에 붙은 '삼김'은 삼겹살과 김치를 줄인 말로 이곳의 정체성을 가늠하는 잣대다. 삼겹살은 가격이 비싼 고급 원육을, 김치는 전남 해남에서 공수한 명품김치를 사용한다. 좋은 재료를 합리적인 가격에 제공하면 매출은 자연스레 오르기 마련이다. 〈삼김화로구이〉는

132.23㎡(40평), 좌석은 16개가 전부지만 월 매출 1억 원에 순이익이 3000만원 가까이 나오는 알짜 맛 집이다.

숙성한 고급원육이 경쟁력의 핵심이다. 맛있는 요리의 시작은 질 좋은 재료다. 고기맛을 위해서라면 고급원육을 선택하는게 정공법이다. 고깃집을 경영자 역시 이를 안다. 도입을 주저하는 이유는 가격 때문이다. 〈삼김화로구이〉는 좋은 고기를 고집하면 추가주문, 재방문, 회전율 모두를 잡을 수 있을 거라 판단했다. 고기뿐만 아니라 모든 식재료를 최상품으로만 들여온다. 품질만큼은 양보할 수 없다.

이곳 대표는 고기의 품질을 까다롭게 따진다. 도축된지 10일에서 14일 정도 지난 고기만 요구해 들여온다. 고르고 고른 고기를 바로 판매하는 것도 아니다. 냉장고 안에서 초숙성을 거쳐야 비로소 손님상에 나갈 수 있다. 불필요한 수분은 날리고, 풍미는 증가시키며, 육질을 부드럽게 만드는 과정이다. 고급원육을 합리적인 가격에 먹을 수 있으니 입소문이 나는 것은 시간문제였다.

2) 모듬실속세트와 삼겹살

세트 메뉴 구매를 유도하는 판매 전략으로 모든 음식점은 주력 메뉴가 있다. 달리 말하면 점주가 팔고 싶은 메뉴다. 〈삼김화로구이)는 팔고 싶은 메뉴를 '모듬실속세트'로 묶어 구매를 유도한다. 우선 모든 세트 메뉴에 김치찌개 혹은 차돌된장찌개, 공깃밥이 제공된다. 그 중 모듬실속세트 B는 삼겹살, 목살, 가브리살, 항정살을 묶은 메뉴다. 고기는 총 450g을 제공하며 가격은 4만원이다. 같은 양의 고기를 단품으로 구매할 경우 4만3000원이다.

손님의 입장에서 같은 고기를 먹을거면 가격은 더 저렴하면서 찌개와 밥이 포함된 메뉴를 고르는게 실속을 챙길 수 있는 선택이다. 다양한 부위를 맛볼 수 있는 것도 장점이다. 3000원을 더 싸게 파는 업주 입장에서도 이득이다. 고기의 가격은 유지하되 찌개와 밥을 함께 제공함으로써 고객 만족도는 더 높일 수 있기 때문이다. 추가 주문 유도도 어렵지 않다.

손님은 네 가지 부위 중 더 맛있게 먹은 부위를 주문하기 마련이다. 원래 있는 메뉴를 세트로 묶었을 뿐인데 손님, 업주 모두에게 윈-윈 되는 것이다.

3) 뻥튀기 과자와 별미 커피

뻥튀기 과자, 음식점 홍보 수단의 활용으로 이곳 대표는 1983년, 외식업에 입문해 잔뼈가 굵은 베테랑이다. 음식점 운영만 했던 것도 아니다. 외식업 컨설턴트로도 10년가량 활약한 경력도 있다. 이때의 경험이 현재 〈삼김화로구이〉를 운영하는데 큰 도움이 됐다.

컨설팅은 무형의 가치이기 때문에 과소평가되는 경향이 있다. 특히 외식업에 오래 종사한 사람일수록 이런 성향이 두드러진다. 하지만 컨설턴트는 점주가 보지 못하는 곳을 관찰하고 객관적인 조언을 할 수 있는 거의 유일한 사람이기 때문에 창업을 준비 중이라면 반드시 전문 컨설턴트와 상담 받는 것을 추천한다.

서비스의 중요성도 빼놓지 않았다. 이곳을 방문하면 매장 입구부터 시선을 끄는 물건이 있다. 뻥튀기 기계와 커피 머신이다. 손님은 뻥튀기를 식사 전, 식사 후 언제든지 먹을 수 있다.

고기를 먹어 느끼해진 입안은 커피가 정리해준다. 별것 아닌 서비스 음식이지만 고객 만족과 재방문을 높이는 요소다. 점심, 저녁 시간만 되면 진풍경이 벌어진다.

길거리를 다니는 사람 손에 뻥튀기가 하나씩 들려 있듯이 이는 고객들이 다녀간 흔적들로 뻥튀기 하나만으로도 가게의 홍보가 되는 것이다.

6. 숙성육 전문가 기술로 품질 '압도적' 〈화포식당〉

1) 최고 원육 숙성 + 사이드 메뉴 + 안정적 유통

화포식당은 질 좋은 원육에 개성있는 사이드메뉴와 안정적인 유통 구조를 겸비한 프랜차이즈 브랜드로 고기와 맛있는 식사, 술이 어우러진 한국형 레스토랑이다.

우선 원육 품질이 강력한 경쟁력이다. 화포식장에서 거래하고 있는 농장은 까다로운 사육·관리 시스템으로 최고급 돼지를 생산하는 곳이다.

도축한 돼지는 지육 상태로 들여와 본사 자체 가공공장에서 직접 해체 작업한다. 화포식당의 경쟁력으로는 까다로운 사육·관리 시스템으로 생산된 최고급 암퇘지 사용과 회전율과 테이블 단가 동시에 높에 순익 안정적이며 (서울·경기 지역 가맹점 순수익 30%이상) 완성도 높은 식사메뉴로 점심매출 보완 돼지고기완자를 통째로 넣은 완자 부대찌개로 점심매출 확보 시그니처로 요약 할 수 있다. 화포식당은 현재 서울·경기 지역을 중심으로 40여개의 가맹점이 성업 중이다.

2) 안정적 수익구조 + 원육품질 + 그릴링 서비스

그릴링 뿐 아니라 원육 자체의 품질과 숙성 정도, 커팅 두께 등 여러 가지 요소가 충족되어야 고기 맛의 완성도를 높일 수 있다.

삼겹살·목살구이는 직장인들의 단골 회식메뉴이기 때문에 화포식당 매장들은 주로 오피스가에 입점해 있다. 평일 대비 주말 이동 인구가 적은 오피스가의 단점을 보완하기 위해 식사메뉴로 프리미엄 완자부대찌개와 일품제육정식, 일품숙성김치찌개, 화포함박스테이크, 시골된장찌개 등을 알차게 구성했다. 완자부대찌개는 삼겹살·목살 다음으로 화포식당을 대표하는 메뉴다. 육류 작업후 남은 자투리 부위를 모아 채소와 함께 갈아 동그란 모양으로 뭉쳐 냉장 보관 해뒀다가 부대찌개에 생 완자 상태로 넣어 즉석에서 끓여먹는다. 평범한 부대찌개에 '생완자'를 접목해 상품력을 더한 것이다.

돼지고기 전지와 후지 부위와 채소를 갈아 다져 만든 함박스테이크는 돼지고기의 탱글탱글한 식감과 달착지근한 데미글라스소스가 어우러져 주부고객에게 인기다. 직장인들의 격전지인 교대 매장은 평일 저녁에만 3회전 이상인데 주말 역시 가족단위 고객으로 일 평균 4회전 이상을 유지하고 있다. 주요메뉴는 숙성통삼겹살, 숙성통목살, 생갈비 각각 180g 14000원, 프리미엄 완자부대찌개 1인

7000원, 철판된장술밥 5000원 이며, 현 주소는 인천시 연수구 청량로 113번길 34 (032-434-0092)에 소재하고 있다.

3) 원육 숙성 노하우로 최고의 경쟁력 유지

숙성육을 다룰 때 가장 먼저 생각해야 하는 부분이 바로 '숙성의 개념' 이다. 숙성을 보통 질 낮은 고기를 헐값에 사들여와 풍미를 끌어 올려 팔매하는 수단으로 사용하는 일부 경영주도 있는데 이는 한참 잘못된 접근이다. 숙성은 곱하기 개념으로 봐야한다. 최상급의 원육에서 육질은 더욱 부드럽게, 육즙은 더욱 풍부하게 그리고 맛은 좀 더 고소하고 진하게 만드는 과정이라고 볼 수 있다. 어디까지나 '플러스 알파' 의 개념이지 질 떨어지는 원육 상태를 회복하기 위한 용도는 아니다.

요즘 어느 고깃집에나 좋은 원육을 사용하기 때문에 '원육 경쟁력' 이라는 말도 무색하다. 질 좋은 원육을 얼마만큼 맛을 배가할 수 있는 지가 관건이다. 숙성육은 1차 원육을 다양한 마소가 질감으로 업그레이드 할 수 있기 때문에 선택이 아니라 필수의 개념으로 자리매김 했다.

육류 프랜차이즈 시장은 지금까지 무수히 많은 브랜드들이 생겼다가 한꺼번에 무너지는 과정을 반복해왔다. 그러한 부분을 반면교사 삼아 육류 브랜드들이 왜 망했는지 분석해 똑같이 하지 않으려고 노력하고 있다. 그동안 일부 육류 프랜차이즈는 오래된 원육의 누린내를 감추고 퍽퍽한 질감을 부드럽게 하기 위해 '숙성육'으로 포장해 각 가맹점으로 공급하거나, 냉동상태로 유통시켜 슬라이스해 판매해왔다.

프리미엄 돈육의 프랜차이즈화가 아니라, 말 그대로 원육에 '숙성육'의 콘셉트만 입혀 브랜드화시킨 셈이다. 그렇다보니 기술과 노하우, 품질 차별화 없이 비슷한 맛과 방식의 아류 브랜드가 판을 쳤던 것이다.

화포식당의 본사인 ㈜SM다이닝의 경우 제체 돈육 생산유통 공장을 보유하고 있는 데다 화포식당만의 체계적인 숙성 노하우를 개발해놓은 상태다. 시간, 분 단위로 돈육의 선도나 질감, 풍미, 육즙이 어떻게 달라지는지 디테일하게 체크하고 숙지해놓은 상태다. 가맹점주들이 원육을 공급받아 내다 팔기만 하면 되는 장사꾼이 아니라 모두가 숙성 돈육 전문가가 되어야 하기 때문이다. 그게 바로 경쟁력이다.

7. 전국 팔도 돼지고기 맛 지도 구현 〈육시리〉

1) 부위별 산지와 특색 각각 개성살린 차별화

육시리가 위치한 인천 석남동은 조용하고 한산한 동네다. 대부분 오래되고 낡은 건물과 주택가에 위치해있어 주민들만 다닐 뿐 외지인의 발길이 뜸한 곳이다. 이 동네에서 육시리가 들어가면서 동네가 시끌벅적해졌다. 팔도 돼지고기를 한 곳에서 맛볼 수 있는 콘셉트와 고기 맛이 입소문 나면서 송도 신도시에서도 회식을 하기 위해 차를 타고 넘어오기 시작했다. 이처럼 짧은 기간에 육시리가 성공적으로 자리매김할 수 있었던건 각지에서 들여오는 원육 때문이다. 질 좋은 고기를 사용하는 것은 당연하고, 돼지고기 부위별고유의 특색과 개성을 살리기 위해 부위마다 각각 다른 지역에서 공급받고 있다. 대부분의 돼지고기전문점이 질 좋은 돈육을 공급 받는데 주력했다면, 육시리는 부위별로 각각 최상의 원육을 공급받기위해 산지와 공급처가 다르다.

삼겹살과 오겹살, 목살, 항정살은 같은 돼지고기지만 부위가 다르기 때문에 마블링이나 지방·살코기의 분포 정도도 다를 수밖에 없다. 맛이나 육질, 좋은 스펙의 기준 또한 다르기 때문에 부위별로 최적의 산지를 찾아 공급 받는 것이다. 이는 하나의 콘셉트이자 강력한 콘텐츠로 자리매김 했다. 육시리에서 판매하는 원육은 총 여섯 가지다. 통삼겹살은 전라도 남원에서, 흑돈 통목살은 지리산에서, 오겹살은 제주도에서, 통항정살은 강원도 고성군에서, 껍데기와 통가브리살은 충남 지역에서 공급받는다.

2) 힘 빼고 본질에 충실한 콘셉트

사이드 메뉴와 찬도 짜임새 있게 구성했다. 소고기청국장전골은 황태 육수에 충청도에서 직접 만든 청국장과 소고기, 콩나물, 두부, 청양고추, 고춧가루를 넣고 얼큰하고 진하게 끓여낸다. 가격은 1인 8000원으로 과감하게 책정했다. 1000원 짜리 된장찌개에 공깃밥 서비스 대신 합당한 가격을 지불하고 더 푸짐하고 맛있는 식사를 즐기자는 경영주의 의도는 주효했다. 점심에는 청국장전골을 주문하고 저녁에는 모든 테이블에서 돼지고기와 청국장전골에 소주를 마신다.

찬은 대파김치와 참깨소스김치, 각종 장아찌 정도다. 평범한 대파김치지만 사과를 갈아 넣어 달착지근한 풍미를 더했고 배추김치에 들깨소스를 버무려 매콤하면서도 고소한 맛을 살린 들깨김치는 계속 먹어도 질리지 않는다. 육시리를 론칭한 대표는 지난 5년간 다양한 외식 브랜드의 컨설팅과 홍보, 마케팅 업무를 했다. 2015년 말 자신만의 색깔을 입힌 육류 브랜드 육시리를 기획하게 된 것이다. '외식 마케터', '젊은 열혈 컨설턴트' 라 불리며 두각을 나타낸 이곳 대표의 작품은 생각보다 튀지 않고 평범했다. 힘을 빼고 본질에 충실하되, 디테일에서 조금씩 변화를 준 것이 가장 큰 차별화인 것이다.

이곳의 메뉴는 통삼겹살 1만2000원, 제주오겹살 1만4000원, 흑돈 통목살 1만3000원, 통항정살 1만4000원, 1%목살엑기스 1만6000원, 청국장전골 8000원 이며, 현 주소는 서울시 광진구 아차산로 355 (구의점) (02-2024-4422)이다.

8. 고사리+돈치맛살 궁합 100점 〈고반식당〉

1) 재료 궁합의 킬러 콘텐츠 명가

때로는 작은 곁들임 찬 하나가 업소의 시그니처로 등극하는 경우도 있다. '고반식당'은 고소한 돼지고기와 잘 어울리는 찬으로 고사리무침을 내는데 두 재료의 궁합이 잘 맞아 이곳의 킬러콘텐츠가 됐다.

고사리가 다소 평범한 식재료긴 하지만 고깃집에서 육류 찬으로 고사리를 내는 경우는 흔하지 않다. 주로 제주도에서 고사리와 돼지고기를 간장 베이스 양념에 자작하게 졸여 먹는데 고사리에 비타민 B1을 분해하는 성분이 있어 반대로 비타민 B1을 다량으로 함유한 돼지고기와 영양학적 궁합이 탁월하다. 고반식당은 부산 1호점을 시작으로 최근 서울 신사동과 대치동에, 나란히 오픈했다. 숙성 삼겹살, 목살과 함께 돈치맛살이라는 메뉴를 판매한다. 최상등급 고급 돈육의 항정살만 선별, 결대로 부서지는 듯 한 아삭한 식감과 고소한 풍미가 뛰어나 독보적인 메뉴로 자리매김했다.

2) 고기반+고사리반+돈치맛살의 차별화

고반식당을 찾는 단골 고객 대부분은 20~30대 젊은 직장인이다. 그중 여성고객이 절반이상이다. 오피스 상권의 특성도 한 몫 하지만, 무엇보다 젊은이들이 호감을 가진 만한 인스타그램 해시태그 키워드를 선점한 것이 주효했다. 대표적인 것이 #돈치맛살, #고사리

그램, 고사리고기 등이다. 불판에 돼지고기와 고사리를 한데 올려놓아 굽고 있는 생생한 영상과 사진들이 업데이트 돼있다. '돈치맛살' 이라는 특이한 메뉴명과 고사리에 고기를 싸 먹는 방식이 호응을 끌어낸 것이다.

고반식당의 차별화 전략을 보면 불판위에 고기반 고사리반으로 인스타그램에 키워드를 검색하면 화로불판 위에 돼지고기와 고사리 무침을 푸짐하게 올려놓고 구워 먹는 사진이 주를 이룬다. 말그대로 고기반 고사리 반이다. 도니맛살에 고사시를 싼 후 와사비를 얹어 싸먹는 사진 고사리 사진 등 고반식당의 콘셉트를 식재료 간의 궁합과 SNS키워드를 통해 잘 어필하고 있다. 깔끔하고 개성있는 사이드메뉴로 젊은 직장인들의 회식 성지로 통하는 만큼 사이드메뉴도 다양하게 구성하고 있다. 기본으로 재래식 된장으로 끓인 촌된장찌개와 돼지 생전지를 넣고 얼큰하게 끓인 고기듬뿍김치찌개, 맨밥에 저염명란과 짭짤한 김가루를 뿌려 비벼먹는 고반명란밥, 밥위에 고기와 와사비를 얹어 초밥처럼 즐기는 고반 맨초밥 등이다.

주 메뉴는 돈치맛살 150g 15000원 숙성생삼겹·숙성생목살 180g 18000원 촌된장술밥·고기듬뿍김치찌개 각각 6000원 고반명란밥 4000원 이며, 주소는 서울시 강남구 강남대로 156길 34 (02-544-5888)이다.

부록

창업 및 업종 전환, 신규사업 가이드

〈표 1〉 외식산업의 구성요소

외식산업의 구성요소				
가격	식음료	인적서비스	물적서비스	편리성

〈표 2〉 외식기업 경영형태의 장·단점

구분 \ 방법	초기투자	경험도	사업운영 책임도	실패율	재정 위험도	보상
직영	높다	높다	높다	높다	높다	높다
가맹	보통 이하	최저	보통	보통	보통	보통 이상
인수	보통	높다	높다	높다	높다	높다
위탁	없음	보통 이상	보통	보통	보통	보통 이하

〈표 3〉 업종별 분류

				한식점
외식산업	음식중심	일반음식점	일반음식점	일식점
				양식점
				중식점
				기타
			특수음식점	열차식당
				항공기내식당 기내사업
				선박 내 식당
			숙박시설 내 음식점	호텔 내 식당
				리조트,콘도,여관 내 식당(1970년 이전)
		단체음식	학교	초,중,고,대학
			기업	구내식당
			군대방위시설	군대
				전투경찰
				경찰
				교도소
			병원	구내식당
			사회복지시설	연수원
				양로원
				고아원
	음료중심		찻집,술집	커피전문점
				호프집
				술집(대중유흥업소)
			요정,바	요정
				바
				카바레
				나이트클럽, club

〈표 4〉 한식의 유형별 종류

품목	세부종목	품목	세부종목
해물류	조개찜 조개구이 게찜 바닷가재찜 낙지볶음 굴회 오징어볶음	전류	파전 빈대떡 모듬전 오코노미야키
생선류	갈치구이 코다리찜 광어회 장어구이 장어직화 장어양념구이	국물류	된장찌개 부대찌개 청국장 순두부 북어국
육류-쇠고기	쇠고기등심 쇠고기갈비 쇠고기 불고기 쇠고기 샤브샤브	디저트류-빵	샌드위치 초콜릿 케이크 와플 바게트
육류-돼지고기	돼지고기 삼겹살 돼지갈비 돼지등갈비	디저트류-음료	생과일주스 아이스크림 빙수 생과일 요거트 스무디
육류-닭고기	닭튀김 삼계탕 닭강정 닭갈비	디저트류-커피	커피 북카페 애견카페 키즈카페
육류-족발	족발 냉족발 오븐구이족발 쌈족발	출장음식	도시락 제사음식 홈파티
면류	자장면 짬뽕 냉면 잔치국수 메밀	주류	소주 맥주 생맥주 와인 막걸리
탕류	갈비탕 샤브샤브 설렁탕 삼계탕 매운탕	분식류	순대류 튀김 떡볶이 우동 김밥
한식	비빔밥 패쌈밥 영양밥 김밥 죽	뷔페류	패밀리뷔페 해산물뷔페 고기뷔페 샐러드뷔페 디저트뷔페 채식뷔페

〈표 5〉 외식업계 업종별 트렌드 핵심 (키워드)

창업할 수 있는 외식 종목들 간 콜라보레이션(모둠+조합) 메뉴

업종	키워드	상세 키워드
한식	건강한 삶과 간편식 시장확대	4S(safety, show, self, single), 건강, 간편식, 유기농, No MSG, 오픈키친, HMR
패밀리 레스토랑	감성을 추구하는 융복합화	콜라보레이션, 감성, 시장 다각화, 초니치 마켓
치킨	카페형 매장과 스포츠 마케팅	가치소비, 힐링, 프리미엄, 싱글족, 치맥 스포츠 마케팅, 간편식, 안전, 차별화, SNS
주점	복고와 엔도르핀 디쉬	복고, 감성, 소형화, 차별화, SNS 콜라보레이션, 인테리어, 합리적 가격
커피	고급 원두와 부티크 매장	웰빙, 건강한 재료, 소형화, 전문화, 차별화, 콜라보레이션, 고급화, 부티크, 복고, 인테리어, 사회공헌, 해외진출
피자	웰빙과 프리미엄의 합리적 소비	웰빙, 고급화, 합리적 가격, 안전·안심, 스포츠마케팅, 복고·향수, 엔도르핀 디쉬, 콜라보레이션, 소형화, 건강한 재료, 싱글족
이탈리안 레스토랑	착한 소비와 건강한 식생활	착한 소비, 오가닉, 건강, 와인
분식	합리적인 가격과 콜라보레이션	콜라보레이션, 소형화, 프리미엄, 합리적 가격, 소량화, 간편식, 싱글족
패스트푸드	안전하고 합리적인 가격	합리적 가격, 간편식, 싱글족, 안심·안전
디저트	매스티지족의 진정성	콜라보레이션, 건강한 재료, 진정성, 유기농, 프리미엄, 인테리어, 독창성

〈표 6〉 소비자 유형별 기호와 변화

소비자 진화 양상 단계 ▼	새로운 소비자 집단 ▼
마담슈머(Madame + Consumer) 구매 결정권을 가진 주부들의 시각에서 제품 평가	**바이슈머(Buy + Consumer)** 해외에서 판매되는 물품을 직접 구입하는 소비자 (직구족)
⇩ **트라이슈머(Try + Consumer)** 기존 정보에 의존하지 않고 제품을 직접 써본 뒤 평가	**모디슈머(Modify + Consumer)** 제조업체에서 제시하는 방식이 아닌 자신만의 방법으로 재창조 해내는 소비자
⇩ **크리슈머(Creative + Consumer)** 신제품 개발이나 디자인, 서비스 등의 문제에 적극 개입해 의견을 제시	**스토리슈머(Story + Consumer)** 기업에 제품과 관련된 자신의 이야기를 적극적으로 알리는 소비자
⇩ **프로슈머(Producer + Consumer)** 제품의 생산단계에 직접 관여하거나 소비자가 생산까지 담당	**쇼루밍족(Showrooming)** 오프라인 매장에서 제품을 보고 온라인을 통해 저렴하게 구매하는 소비자(실속 중시) VS **역쇼루밍족(Reverse Showrooming)** 온라인에서 검색을 통해 제품을 결정한 뒤 오프라인에서 구매하는 소비자
⇩ **가이드슈머(Guide + Consumer)** 기업의 생산현장을 검증하고 잘못된 점은 지적, 잘한 점은 홍보	

〈표 7〉 외식 브랜드의 구성 요소	
브랜드 아이덴티티	브랜드 네임, 브랜드 로고, 브랜드 컬러, 브랜드 캐릭터, 브랜드 슬로건
메뉴	메뉴 구성, 원재료 선택, 조리 방식, 메뉴명, 프리젠테이션, 식기 선택, 메뉴 제공 방식
서비스	서비스 정도, 서비스 방식, 서비스 특성
분위기	SI(Store Identity), 음악(music), 조명(lighting), 유니폼(uniform), 사인(signage)
입지	지역, 입점 형태(free standing/building-in)
가격	가격, 좌석회전율, 식재료비, 인력 및 인건비, 임대료 수준, 할인정책

〈표 8〉 브랜드 아이덴티티의 도출

기능적 속성	맛의 동질성, 볼의 차별성, 메뉴의 다양성, 양의 풍부함, 시간 절약, 이벤트의 독창성, 접근 편의성, 인테리어의 간결성, 가격대비 맛과 양, 가격의 합리성		
이성적 혜택	통일성, 신속성, 다양성, 합리성, 편리성, 독창성, 전문성		
감성적 혜택	신선함, 생동감, 젊음	친근함, 즐거움, 정겨움	편안함, 재미있음
성격	▼ 독특함	▼ 공유성	▼ 편안함
브랜드 아이덴티티	⇩ 스파게티로 특화된 캐주얼 레스토랑		

〈표 9〉 브랜드 콘셉트 키워드의 개발

키워드	내용
다양성	메뉴와 이벤트의 다양성
통일성	각 매장 간 메뉴의 맛, 인테리어의 동질성
합리성	가격대비 맛과 양, 서비스의 만족감
신속성	시간 절약
전문성	네이밍에서의 전문성, 메뉴의 전문성
편리성	접근과 이용, 서비스의 편리성
신선함	음식의 신선함, 신선한 식자재, 이벤트와 제공 방식(홀서비스)의 새로움
생동감	동적이고 활발한 분위기, 생동감 있는 인테리어
젊음	매장 분위기, 주된 색상, 방문하는 고객과 직원의 젊음
친근함	고급스럽지 않고 대중적이며 부담스럽지 않은 친근함
즐거움	밝고 화사한 인테리어와 가격대비 맛과 양이 좋은 것에서 오는 즐거움
정겨움	오픈된 주방이나 인테리어, 함께 나눠먹는 정겨움
편안함	인테리어의 편안함, 위치의 편안함, 서비스나 가격 등의 심리적 편안함
재미	이벤트의 재미, 메뉴를 고르는 재미, 홀서비스의 재미
독특함	홀서비스의 독특함, 패밀리레스토랑과는 다른 분위기와 서비스
공유성	음식을 나눔으로서 얻게 되는 정서의 공유

〈표 10〉 콘셉트 도출 사례

고객 이미지	개성을 추구하는 여대생 (20대 여성)	해외여행 경험이 있는 젊은 세대	신세대 직장인	자유 직업가와 보보스족	아침 일찍 출근하는 직장인
고객 이익	자신만의 공간, 자유롭게 대화	해외에서 경험한 커피 맛	친구와 여유로운 대화, 독특하고 맛있는 장소	다양한 커피 선택, 노트북 PC이용	간단한 빵과 커피
입지 이미지	이대 앞, 대학로, 프레스센터, 명동역, 강남역, 삼성역, 코엑스, 역삼역, 광화문				
고객 서비스	창가 쪽 1인 좌석, 자유공간, 바리스타, 테이크아웃 서비스, 고객 맞춤 커피, 무선 랜 서비스, 포인트제도, 페이스트리				
고객 시나리오	창가에서 음악을 들으며 혼자 책을 본다, 커피향이 나는 포근한 소파에서 친구와 부담 없이 대화한다. 여자 친구와 극장에 가기 전에 만나서 영화 이야기를 하며 즐긴다, 직장 동료와 점심 식사 후 커피를 테이크아웃하여 마신다. 여기저기 뛰어다니다 자투리 시간에 무선 랜을 이용하여 업무를 한다, 일찍 출근하여 회사 근처에서 여유로운 아침을 시작한다.				
목표 콘셉트	세계 최고의 커피를 주문하여 직접 에스프레소 방식으로 즐길 수 있는 커피숍, 혼자 있을 때는 편안하게, 친구와 같이 있을 때는 즐겁게 대화할 수 있는 커피숍, 고객의 오감을 만족시켜주는 문화가 있는 커피숍				

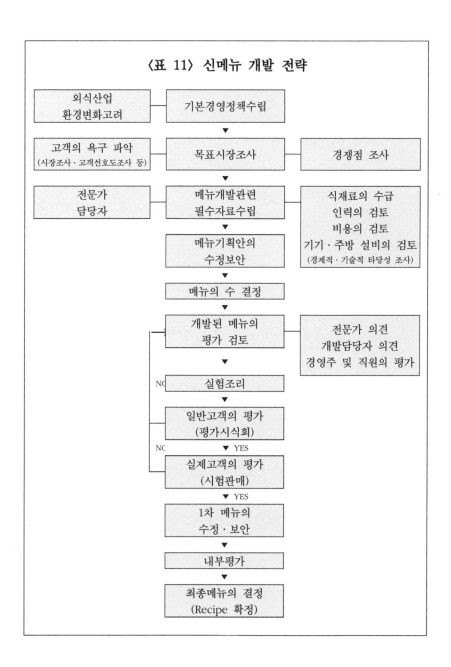

〈표 11〉 신메뉴 개발 전략

외식산업 환경변화고려	기본경영정책수립	
고객의 욕구 파악 (시장조사 · 고객선호도조사 등)	목표시장조사	경쟁점 조사
전문가 담당자	메뉴개발관련 필수자료수립	식재료의 수급 인력의 검토 비용의 검토 기기 · 주방 설비의 검토 (경제적 · 기술적 타당성 조사)

메뉴기획안의
수정보안

메뉴의 수 결정

개발된 메뉴의
평가 검토

전문가 의견
개발담당자 의견
경영주 및 직원의 평가

NO 실험조리

일반고객의 평가
(평가시식회)

NO ▼ YES

실제고객의 평가
(시험판매)

▼ YES

1차 메뉴의
수정 · 보안

내부평가

최종메뉴의 결정
(Recipe 확정)

〈표 12〉 메뉴의 적합성 평가

주요항목 및 평가요소	세부검토사항	
소비기호 (연령별, 직업별)	• 타깃연령대가 좋아하는 음식인가? • 음식이 깔끔하고 정갈한가? • 타깃연령대의 수준에 적합한가? • 계절 메뉴나 계절 식재료를 사용할 수 있는가? • 건강식, 다이어트식, 기능식인가? • 맛 유지와 양은 적절한가? • 메뉴가격대는 어떤가? • 어린이용 메뉴구비와 디저트는 준비되어 있는가? • 가족고객이 좋아하는가? • 단순식사로 적합한가? • 메뉴북은 깨끗하고 설명이 충분한가? • 행사메뉴(모임, 회식, 기타)로 적합한 메뉴인가?	
점포, 입지, 시장	• 주변 시장의 가격대는? • 접근성(편리성)은? • 시장성(시장수요)은? • 적합한 건물인가? • 경쟁상태는? • 성장 가능한 입지인가? • 유동인구는 얼마나 되는가? • 주차시설은 되어 있는가?	• 혐오시설은 없는가? • 홍보성(가시성)은? • 적합한 입지인가? • 점포규모는? • 상권내의 외식 성향은? • 집객 시설이 있는가? • 유동차량은 얼마나 되는가?
경영효율 (경영관리 계수관리)	• 매출이익은? • 객단가는? • 메뉴관리는 용이한가? • 점포관리는? • 구매의 난이도는?	• 회전율은? • 원가(재료비,인건비,제경비)는? • 서비스의난이도는? • 경영주의 메뉴 이해도는? • 직원 채용은?
식사형태	• 조식 • 중식 • 간식 • 석식 • 미드나이트	
판매방식	• 내점(Eat in) • 배달 • 포장판매 • 복합판매 가능성은?	

〈표 13〉 외식 브랜드 주기별 커뮤니케이션 전략

도입기 (사업홍보)	• 모델샵의 영업 활성화에 총력 • 언론에 기사화 • 브랜드 인지도 제고를 통해 계약 유도 • 체험마케팅을 통한 점포 이용유도 • 예비창업자 홍보
성장기 (성공모델의 정착)	• 기획 사업설명회 개최(명강사 초청 등) • 도입기보다는 광고 홍보 효력감소 • 성공사례 만들기 • 성공사례를 바탕으로 한 현장 확인계약 실적 기대 • 경쟁업체 진입 시 탄력적으로 시장 전략 전개
성숙기 (브랜드지명도 확대)	• 성공사례를 중심으로 한 계약 실적 증가 • 브랜드 정체성 관리 강화(표준화, 전문화, 단순화) • 유지광고/홍보시행 • 브랜드 이미지 관리 • 메뉴개발 및 보완
쇠퇴기 (현상유지/ 신규사업)	• 계약실적 쇠퇴 • 브랜드파워 유지 • 고객욕구 분석을 기초로 한 사업 컨셉 조정 • 재정비 및 제2브랜드 런칭 • R&D 성장전략

〈표 14〉 라이프 사이클에 따른 단계별 관리전략

구분	도입기	성장기	성숙기	쇠퇴기
소비자	소비 준비	소비 시작	소비 절정	소비 위축
경쟁업소	미약	증대	극대	감소
창업시기	창업 준비	창업 시작	차별화	업종변경
매출	조금씩 증가	최고로 성장	평행선	하락
제품 (메뉴)	지명도 낮다	지명도 급상승 및 모방 시작	지명도 최고 제품의 다양화	신 메뉴로 대체시기
유통 (판매)	저항이 높고 점두판매위주	저항 약화되고 주문이 쇄도	주문감소 가격파괴현상	가격파괴절정 생존경쟁으로 재정비
촉진	광고 및 PR 활동성행	상표를 강조하고 경쟁적	캠페인활동 성행 및 제품의 차별성 강조	수요는 판촉에 비해 효과가 미흡
가격	높은 수준	가격인하 정책실시	가격최저로 가격에 민감	재정비에 따른 가격 인상정책
커뮤니케이션	체험마케팅을 통한 이용유도	성공사례를 바탕으로 현장실적기대	유지강화 브랜드 정체성 관리강화, 성공사례를 중심으로 계약실적증가	계약실적 쇠퇴, 신규사업진출 모색, 고객욕구분석으로 사업 컨셉 조정
진행기간	1년차	2년차	3년차	4년차

〈표 15〉 외식산업의 소득 수준별 발전

구분	GNP($)	성장과정	주요업체등장
1960년대	100 ~200	식생활의 궁핍 및 침체기(6·25전쟁 후), 밀가루 위주의 식생활 유입(미국 원조품), 분식의 확산 및 식생활 개선 문제 부상	뉴욕제과(67), 개업업소 및 노상 잡상인 대량 출현
1970년대	248 ~ 1,644	영세성 요식업의 우후죽순 출현, 경제 개발 계획에 따른 식생활 향상, 해외브 랜드 도입 및 프랜차이즈 태동, 국내프 랜차이즈 시작 : 난다랑(79.7), 서구식 외식업 시작 : 롯데리아(79.10)	가나안제과(76) 난다랑(79) 롯데리아(79)
1980년대 초반	1,592 ~ 2,158	외식 산업의 태동기(요식업→외식산 업), 영세 난립형 체인점 출현(햄버거, 국수, 치킨 등), 해외 유명브랜드 진출 가속화	아메리카(80) 윈첼(82) 짱구짱구(82) 웬디스(84) KFC(84) 장터국수(84) 신라명과(84) 등
1980년대 후반	2,194 ~ 4,127	외식산업의 적응 성장기(중소기업, 영 세업체난립), 식생활의 외식화·레저 화·가공식품화 추세, 패스트푸드 및 프랜차이즈 중심 시장 선도, 패밀리 레 스토랑·커피숍·호프점·베이커리·양 념치킨 등 약진	맥도날드(86) 피자인(88) 코코스(88) 도투루(89) 나이스데이(89) 만리장성(86)
1990년대 초반	5,569 ~ 10,000	외국산업의 전환기(95년 산업으로서 정착), 중·대기업의 신규진출 러시 및 유명브랜드 도입, 프랜차이즈 급성장 및 도태, 시스템 출현(외식근대화)	나이스데이 씨즐러 스카이락 TGIF 등 아웃백, 빕스, 베 니건스, 애슐리, 마르쉐 등

구분	GNP($)	성장과정	주요업체등장
1990년대 후반	6,500 ~ 9,800	IMF로 경기침체, 전체적인 침체, 불황 중 실직자들의 생계수단과 고용 창출 효과, 침체기에도 꾸준한 성장을 이룸, 다양한 형태의 소비패턴에 따른 점포의 변화	서울 경기지역 외식기업 포화 상태로 지방음식의 체인화와 수도권 중심의 패밀리 레스토랑의 지방 진출과 발전
2000년대 초반	10,000- 15,000	웰빙 문화로 인한 패스트푸드의 변화, 광우병파동으로 일부 산업 심각한 타격, 조류독감으로 치킨업계 일시적인 위기, 꾸준한 발전으로 전체 국민 노동력의 50%이상 고용 창출한 거대산업으로 발전	프랜차이즈 포화, 국내 브랜드 등장
2000년대 후반	15,000- 21,500	국내브랜드 프랜차이즈 대거 등장 및 대기업·식품업계의 외식산업 진출, 대기업 3세들의 외식산업진출(신세계:스타벅스로부터시작-투썸플레이스 등)	(할리스, 카페베네 등)
2010년대 초반	21,500 ~ 25,000	경기침체와 세월호 사건으로 인한 외식위주의 식단이 집으로 이동, 정부규제에 의한 외식분야와 식품분야의 위축	대기업 진출에 대한 정부규제, 상생과 공생의 기업 논리
2010년대 후반	25,000 ~ 30,000	대기업 외식산업이 상생과 공생을 내세운 중소기업 외식 정책으로 변화, 대기업의 외식산업 진출 금지, 외식문화의 침체기와 과다 경쟁	CS를 통한 기업 이익과 고객만족 공존

〈표 16〉 한국의 외식산업 발전과정

연대	발전내용	주요업체
1960년대 이전	• 전통 음식점 중심의 음식업 태동기 • 식생활 및 식습관의 가내 주도형 • 식량지원 부족(생존단계)	• 이문설렁탕(1907) • 용금옥(1930) • 한일관(1934) • 조선옥(1937) • 안동장(1940) • 고려당(1945) • 남포면옥(1948)
1960년대	• 6·25전쟁 후 식생활 궁핍 및 음식업 침체기 • 혼분식 확산(미국원조 밀가루 위주의 식생활)	• 삼양라면 최초 시판(1963) • 비어홀(1964) • 코카콜라(1966) • 뉴욕제과 신세계 본점 프랜차이즈 1호점(1968)
1970년대	• 해외브랜드 도입기 • 프랜차이즈 태동기 • 대중음식점 출현	• 난다랑(1979) 국내 프랜차이즈 1호 • 롯데리아(1979) 서구식 외식 시스템 시발점
1980년대	• 외식산업 전환기 • 해외브랜드 진출 가속화 • 국내 자생브랜드 난립 • 부산 아시안 게임(1986) • 서울 올림픽(1988)	• 아메리카나(1980) • 서울 프라자 호텔이 여의도 전경련 빌딩, 프라자(한식당), 도원(중식당), 연회장 운영(1980) • 윈첼도우넛, 버거킹(1982) • 서울 프라자호텔 열차식당 운영(1983) • 웬디스, 피자헛, KFC(1984) • 맥도널드(1986) • 피자인, 코코스, 크라운베이커리, 나이스데이, 놀부보쌈(1988)

연대	발전내용	주요업체
1990년대	• 외식산업 성장기 • 대기업 외식산업 진출 • 패밀리레스토랑 진출 • 전문점 태동	• TGIF 판다로시(1992) • 시즐러(1993) • 데니스, 스카이락, 케니로저스 (1994) • 토니로마스, 베니건스, 블루노트, BBQ(1995) • 마르쉐(1996) • 칠리스, 우노, 아웃백스테이크하우스(1997)
2000년대	• 외식산업의 전성기 • 식품업계의 외식산업 진출 • 대기업의 외식산업 점령 • 골목상권 장악 • 자금력에 의한 규모화	• 커피(음료)전문점의 강세, 포화 • 해외진출사례 (할리스 토종브랜드)
2010년	정부의 규제와 경기침체로 인한 외식산업 침체기, 외식업의 다양화를 통한 커피전문점의 활성화를 꾀하고 있으나 국내포화로 인한 도산위기, 해외진출의 판로가 절실	• 첫손님가게(2013년2월) -기부문화의 정착 • 공생과 상생의 기로 • 대기업의 골목상권진출 금지 등
2020년	• 프랜차이즈를 중심으로 한 한류 K-Food 확산 • 해외 진출 본격화 • 맛, 웰빙, 디테일이 주도 • 성장 정체	• 놀부 NBG • 치킨 브랜드 • CJ 푸드빌 해외 100호점(2012) • 파리바게트(2015년 해외 200호점 개설)

〈표 17〉 국내 프랜차이즈 산업의 변천사

시대별	구분	주요 브랜드 및 이슈
1970년대	**태동기** • 프랜차이즈 산업모델 국내 첫선 • 기업형 프랜차이즈 탄생	• 1977년 림스치킨 • 1979년 7월 국내 프랜차이즈 1호점 난 다랑(동숭동) • 1979년 10월 롯데리아 소공동
1980년대	**도입 및 성장기** • 패스트푸드 도입에 따라 대기업 외식업진출 • 해외 패스트푸드 프랜차이즈 국내 진출 • 한식 프랜차이즈시작 (놀부보쌈/송가네왕족발/감미옥 등) • 88서울 올림픽 개최	• 1982년 페리카나 • 1983년 장터국수 • 1984년 KFC/버거킹/웬디스 • 1985년 피자헛/피자인/베스킨라빈스 • 1986년 파리바게트 • 1987년 투다리 • 1988년 코코스 • 1989년 도미노피자/놀부/멕시카나
1990년대	**성숙기** • 국내 프랜차이즈 기반 구축 • 국내 최초 패밀리 레스토랑 개념 도입 • 1988년 외환위기 • 1989년 (사)한국 프랜차이즈산업협회 설립	• 1990년 미스터피자 • 1991년 원할머니보쌈/교촌치킨 • 1992년 맥도날드/TGIF 사업개시 • 1993년 한솔도시락/미다래/파파이스 • 1994년 데니스/던킨도너츠 • 1995년 베니건스/토니로마스/씨즐러/BBQ • 1996년 김가네/마르쉐/쇼부 • 1997년 빕스/아웃백스테이크/칠리스/우노 • 1998년 쪼끼쪼끼/스타벅스/코바코 • 1999년 BBQ 국내 최초 가맹점 1000호점 달성 • 1999년 (사)한국프랜차이즈협회 설립인가

시대별	구분	주요 브랜드 및 이슈
2000년대	**해외진출 초창기** **일부 업종 포화기** • 국내 외식브랜드 중국, 일본 등 해외진출 가속화 2002년 한일 월드컵 개최 • 치킨프랜차이즈 붐업	• 2000년 미소야, 투다리 중국 청도 진출 • 2001년 퀴즈노스/매드포갈릭/사보텐/ 파스쿠찌 • 2002년 파파존스/본죽, 분쟁조정협의회 설치 • 2003년 프레쉬니스버그/명인만두/ 피쉬앤그릴/BBQ 중국 진출 • 2004년 크리스피크림도넛 • 2005년 뚜레쥬르 중국 진출 • 2006년 토다이, 놀부 일본 진출 • 2007년 BBQ 싱가포르 진출
2010년대	**저성장기** **해외진출 가속화** • 식재료 수급 불안정 • 해외진출 가속화 • 외식업관련 법과 제도 정비 • 중소기업 적합업종 선정 • 대기업 빵집 사업 철수 • 공정위 모범거래기준안 발표 • 가맹사업법 추진 • 음식점 금연구역 전면시행(2015) • 디저트 업종 활성화 • 일본, 유럽 등 해외디저트브랜드 도입 활발 • 소프트아이스크림, 팥빙수, 츄러스 등 브랜드 활성화	• 2010년 채선당 인도네시아 진출 • 2012년 파리바게뜨 중국 100호점, CJ푸드빌 해외 100호점 • 2011년 놀부 NBG, 美 모건스탠리PE에 지분 매각, 제스터스, 잠바주스, 망고식스 • 2012년 베코와플, 투뿔등심, 와플트리, 모스버거 • 2013년 바르다김선생, 고봉민김밥, 설빙, 깐부치킨, 이옥녀팥집, 족발중심, 미스터시래기, 고디바, 소프트리 • 2014년 자연별곡, 올반, 계절밥상 등 한식뷔페 • 2015년 11월 미스터 피자 중국 100호점 출점 • 2015년 12월 파리바게뜨 해외 200호점

〈표 18〉 시대별 외식브랜드(메뉴)콘셉트의 변화추이

메뉴	시대	외식 브랜드
햄버거	1980~1985	롯데리아, 아메리카나, 빅웨이
면류	1986~1988	장터국수, 다림방, 다전국수, 민속마당, 국시리아, 참새방앗간
양념치킨	1988~1990	페리카나, 처갓집, 림스치킨
보쌈	1990~1992	놀부보쌈, 촌집보쌈, 할매보쌈
우동		언가, 천수, 나오미, 기소야
신개념퓨전 레스토랑		(피자, 햄버거, 아이스크림, 통닭 등 모두 판매) 굿후렌드, 코넬리아, 아톰플라자, 해피타임
쇠고기뷔페	1992~1993	엉클리 외
커피		쟈뎅, 미스터커피, 왈츠, 브레머
피자	1993~1994	시카고피자, 피자헛, 도미노피자
피자뷔페	1994~1996	베네벤토, 아마또, 오케이, 베니토, 카이노스
탕수육		탕수 탕수 외
김밥		종로김밥, 김가네김밥, 압구정김밥
조개구이	1996~1997	조개굽는 마을, 미스조개 열받네, 바다이야기, 조개부인 바람났네
칼국수		봉창이해물칼국수, 유가네칼국수, 우리밀칼국수
북한음식		모란각, 통일의 집, 고향랭면, 발용각, 진달래각
요리주점	1997~1999	투다리, 칸, 천하일품, 대길, 기린비어페스타

메뉴	시대	외식 브랜드
찜닭	1999~2001	봉추찜닭, 고수찜닭, 계백찜닭
참치		참치명가, 동신참치, 동원참치
에스프레소 커피		할리스, 커피빈, 프라우스타, 이디야
돈가스		라꾸라꾸, 하루야, 패밀리언
생맥주		쪼끼쪼끼, 해피리아, 블랙쪼끼, 비어캐빈
아이스크림	2001~2003	레드망고, 아이스베리
회전초밥		스시히로바, 사까나야, 기요스시
하우스맥주		오키스브로이하우스, 플래티늄, 도이치브로이하우스
불닭	2004~2005	홍초불닭, 화계, 땡초불닭
퓨전 오므라이스		오므토토마토, 오므라이스테이, 오므스위트, 에그몽
중저가 샤브샤브		정성본, 채선당, 어바웃샤브
베트남 쌀국수		호아빈, 포베이, 포메인, 포타이

메뉴	시대	외식 브랜드
해물떡찜	2006~2007	해물떡찜0410, 크레이지페퍼, 홍가네해물떡찜
정육형 고깃집	2006~2007	다하누촌, 산외한우마을
저가 쇠고기		아지매, 우스, 꽁돈, 우쌈, 우마루, 행복한 우담
국수	2008~2009	(비빔국수, 잔치국수)망향비빔국수, 명동할머니국수, 산두리비빔국수, 닐니리맘보
일본라멘		하코야, 멘쿠샤, 라멘만땅, 이찌멘
카페	2008~2013	스타벅스, 카페베네, 파리바게뜨
떡볶이	2011~2012	아딸, 죠스, 국대, 동대문엽기떡볶이
샐러드, 집밥	2013~2014	샐러드뷔페, 계절밥상, 자연별곡
디저트카페	2015~2017	몽슈슈, 초코렛바, 빙수 등 디저트

〈표 19〉 업종별 음식점업 현황(2015년 기준)

분류		업체수		종사자수	
		(개)	%	(명)	%
음식점업	한식점업	299,477	65.1	841,125	59.9
	한식점 제외한 총합	159,775	34.9	562,513	40.1
	중국 음식점업	21,503	4.7	76,608	5.5
	일본 음식점업	7,466	1.6	33,400	2.4
	서양 음식점업	9,954	2.2	67,279	4.8
	기타 외국식 음식점업	1,588	0.3	8,268	0.6
	기관 구내 식당업	7,830	1.7	48,000	3.4
	출장 및 이동 음식업	511	0.1	2,620	0.2
	기타 음식점업	110,923	24.2	326,338	23.2
	소계	459,252	100.0	1,403,638	100.0
주점 및 비알콜 음료점업		176,488		420,576	
음식점업(합계)		635,740		1,824,214	

〈표 20〉 사업장 면적규모별 음식점 분포도(2015년 기준)

사업장 면적규모		음식점수(개)	(%)
30㎡ 미만	(9.3평)	75,977	12.0
30㎡~50㎡	(9.3평~15.4평)	131,003	20.6
50㎡~100㎡	(15.4평~30.9평)	271,277	42.7
100㎡~300㎡	(30.9평~92.6평)	135,299	21.3
300㎡~1,000㎡	(92.6평~302.5평)	19,856	3.1
1,000㎡~3,000㎡	(302.5평~907.5평)	2,057	0.3
3,000㎡	(907.5평)	271	0.1
합 계		635,740	100.0

〈표 21〉 종사자 규모별 음식점(주점업포함)

(2015년 기준)

종사자규모	음식점수(개)	(%)	종사자수(명)	(%)
1~4명	559,338	88.0	1,170,619	64.2
5~9명	61,176	9.6	375,014	20.6
10~19명	11,685	1.8	147,249	8.0
20명 이상	3,541	0.6	131,332	7.2
합계	635,740	100.0	1,824,214	100.0

〈표 22〉 년 매출규모별 음식점 및 종사원 분포도

(2015년 기준)

매출규모	음식점수(개)	(%)	종사원수(명)	(%)
50 만원 미만	156,598	34.1	282,449	20.2
50~100만원	150,523	32.8	347,310	24.7
100~500만원	132,474	28.8	503,483	365.9
500~1000만원	15,862	3.4	152,236	10.8
1000만원 이상	4,294	0.9	118,160	8.4
합계	459,252	100.0	1,403,638	100.0

〈표 23〉 음식점업 시도별 현황(2015)

구분	사업체수	사업체수 비중	종사자수	매출액	업체당 매출액	1인당 매출액
전국	635.7	100	1,824.2	79,579.6	125.1	43.6
서울	116.8	18.4	409.1	19,559.5	167.4	47.8
부산	47.1	7.4	135.7	5,921.2	125.6	43.6
대구	31.4	4.9	84.8	3,513.7	112.0	41.5
인천	29.8	4.7	85.1	3,845.9	128.9	45.2
광주	17.1	2.7	50.3	2,163.1	126.3	43.0
대전	18.3	2.9	54.2	2,559.1	140.0	47.2
울산	16.1	2.5	42.9	2,043.7	126.9	47.6
세종	1.6	0.2	4.1	185.2	116.7	44.7
경기	126.7	19.9	387.3	17,754.4	140.1	45.8
강원	29	4.6	68.8	2,521.8	86.9	36.7
충북	22.7	3.6	56.4	2,227.0	98.0	39.5
충남	28.2	4.4	71.8	3,056.2	108.3	42.6
전북	22.7	3.6	60.2	2,202.3	96.9	36.6
전남	25.6	4.0	60.7	2,262.0	88.5	37.3
경북	41.8	6.6	95.6	3,788.9	90.6	39.6
경남	49.9	7.8	125.4	4,906.1	98.3	39.1
제주	10.8	1.7	31.7	1,039.6	96.5	32.8

〈표 24〉 프랜차이즈 산업 주요 3개국 현황

구분	한국(2015년)	일본(2012년)	미국(2010년)
가맹본부 수	3,482	1,281	2,300
가맹점 수	207,068	240,000	767,000
매출액(년)	약 102조	약 22조 287억 엔	1조 달러
고용인원	124만	200~300만	1,740만
외식업 비중	본부 72% 가맹점 44%	외식업 17.5% (매출기준) 외식업 41.8% (본부기준)	외식업 42% 패스트푸드 31%

〈표 25〉 외식 프랜차이즈 현황

구분	외식가맹 본부 수	전체가맹 본부 수	외식가맹점 수	전체가맹점 수
2011	1,309(64%)	2,042	60,268(40.5%)	148,719
2012	1,598(66.4%)	2,405	68,068(39.8%)	170,926
2013	1,810(67.5%)	2,678	72,903(41.3%)	176,788
2014	2,089(70.3%)	2,973	84,046(44.1%)	190,730
2015	2,251(72.4%)	3,482	88,953(45.8%)	194,199

〈표 26〉 국내 프랜차이즈 현황(2015 기준)

가맹본부	가맹점
외식업 72%	외식업 46%
서비스업 19%	서비스업 31%
도·소매업 9%	도·소매업 23%

〈표 27〉 국내 프랜차이즈 현황(2015 기준)

년도	가맹본부 수	가맹브랜드 수	직영점 수	가맹점 수
2010년	2,042	2,550	9,477	148,719
2015년	3,482	4,288	12,869	194,199

〈표 28〉 국내 프랜차이즈 업종별 브랜드 수(단위:개)

년도	전체	외식업	서비스업	도소매업
2011년	2,947	1,942	593	392
2012년	3,311	2,246	631	434
2013년	3,691	2,263	743	325
2014년	4,288	3,142	793	353

〈표 29〉 국내 외식 프랜차이즈 가맹점 수(단위:개)

치킨	한식	주점	피자·햄버거
22,529	20,119	10,934	8,542
커피전문점	제빵·제과	분식·김밥	일식·서양식
8,456	8,247	6,413	2,520

〈표 30〉 외식 업종별 신생률(단위:%)

업종	수도권				비수도권
	서울	인천	경기	평균	
한식음식점	7.6	8.1	7.9	**7.8**	7.1
중식음식점	7.5	5.4	8.4	**7.7**	5.3
일식음식점	10.7	6.5	11.1	**10.5**	9.0
경양식음식점	9.9	13.6	11.8	**10.6**	10.8
패스트푸드점	9.4	10.9	12.1	**10.8**	13.4
치킨전문점	10.2	10.8	10.7	**10.5**	10.9
분식음식점	6.4	11.5	11.3	**8.5**	9.9
주점	9.6	8.4	10.2	**9.7**	8.0
커피숍	20.7	22.1	24.7	**22.5**	20.0

〈표 31〉 업종별 활동업체수 증감률(단위:%)

업종	수도권				비수도권
	서울	인천	경기	평균	
한식음식점	-1.3	-0.5	-1.1	**-1.1**	-0.4
중식음식점	0.1	-2.1	0.2	**-0.1**	-1.6
일식음식점	3.3	0.6	3.4	**3.1**	3.3
경양식음식점	1.6	5.7	3.5	**2.3**	2.0
패스트푸드점	-0.7	4.0	5.3	**2.4**	7.0
치킨전문점	1.4	0.9	2.9	**2.1**	3.8
분식음식점	-3.4	0.7	1.4	**-1.4**	1.9
주점	-0.3	0.2	0.9	**0.3**	1.2
커피숍	15.1	20.8	20.7	**18.0**	13.1

〈표 32〉 업종별 5년 생존율(단위:%)

업종	수도권				비수도권
	서울	인천	경기	평균	
한식음식점	55.4	57.0	56.4	**56.0**	61.7
중식음식점	63.5	69.6	61.4	**63.1**	72.2
일식음식점	59.5	50.0	57.3	**58.2**	68.0
경양식음식점	61.4	48.7	59.3	**60.5**	61.2
패스트푸드점	53.0	69.4	60.4	**58.2**	63.9
치킨전문점	61.9	54.7	59.8	**60.0**	63.4
분식음식점	49.9	54.0	49.8	**50.4**	58.0
주점	59.0	63.9	58.2	**59.1**	65.7
커피숍	57.4	64.8	48.7	**54.5**	51.6

〈표 33〉 수도권 업종별 생존기간 10년 미만 비율

업종	수도권(%)				비수도권(%)
	서울	인천	경기	평균	
한식음식점	53.9	50.4	56.7	**54.9**	45.9
중식음식점	47.3	45.2	53.7	**49.9**	37.5
일식음식점	63.5	46.4	62.2	**61.7**	54.0
경양식음식점	59.4	64.5	64.7	**61.2**	56.7
패스트푸드점	78.2	73.8	69.4	**73.7**	62.6
치킨전문점	68.5	69.7	71.6	**70.3**	66.5
분식음식점	43.6	65.7	64.3	**52.7**	57.0
주점	58.8	52.0	61.3	**59.1**	55.3
커피숍	86.5	76.2	84.4	**84.5**	70.3

〈표 34〉 업종별 상주인구기준 포화도 상위 지역

업종	서울	인천	경기
한식음식점	중구(3.6)	옹진군(2.1)	가평군(3.5)
중식음식점	중구(3.5)	중구(2.3)	가평군(2.8)
일식음식점	중구(3.8)	강화군(1.9)	평택시(2.9)
경양식음식점	종로구(2.9)	중구(2.0)	포천시(3.0)
패스트푸드점	강남구(4.7)	중구(1.5)	가평군(3.6)
치킨전문점	중구(2.4)	동구(1.6)	연천군(2.7)
분식음식점	종로구(3.3)	동구(1.9)	연천군(4.0)
주점	마포구(2.4)	부평구(1.3)	구리시(2.5)
커피숍	중구(3.9)	강화군(1.8)	연천군(3.2)

〈표 35〉 2015년 활동업체 현황(단위:개,%)

		전국	수도권				비수도권
			서울	인천	경기	평균	
한식 음식점	개수	289,358	53,092	11,408	58,235	**122,735**	166,623
	증감	-2,015	-680	-56	-623	**-1,359**	-656
	증감률	-0.7	-1.3	-0.5	-1.1	**-1.1**	-0.4
중식 음식점	개수	21,428	4,030	999	3,970	**8,999**	12,429
	증감	-218	4	-21	6	**-11**	-207
	증감률	-1.0	0.1	-2.1	0.2	**-0.1**	-1.6
일식 음식점	개수	12,784	4,844	645	2,499	**7,988**	4,796
	증감	394	155	4	82	**241**	153
	증감률	3.2	3.3	0.6	3.4	**3.1**	3.3
경양식 음식점	개수	27,023	9,463	575	4,141	**14,179**	12,844
	증감	568	148	31	139	**318**	250
	증감률	2.1	1.6	5.7	3.5	**2.3**	2.0
패스트 푸드점	개수	8,283	1,738	366	1,837	**3,941**	4,342
	증감	378	-13	14	93	**94**	284
	증감률	4.8	-0.7	4.0	5.3	**2.4**	7.0
치킨 전문점	개수	36,895	5,745	1,987	8,966	**16,698**	20,197
	증감	1,085	80	18	250	**348**	737
	증감률	3.0	1.4	0.9	2.9	**2.1**	3.8
분식 음식점	개수	41,454	12,075	2,094	7,171	**21,340**	20,114
	증감	73	-423	15	102	**-306**	379
	증감률	0.2	-3.4	0.7	1.4	**-1.4**	1.9
주점	개수	65,775	12,396	3,908	13,941	**30,245**	35,530
	증감	512	-39	6	120	**87**	425
	증감률	0.2	-0.3	0.2	0.9	**0.3**	1.2
커피숍	개수	50,270	11,055	2,446	9,712	**23,213**	27,057
	증감	6,666	1,453	421	1,664	**3,538**	3,128
	증감률	15.3	15.1	20.8	20.7	**18.0**	13.1

〈표 36〉 국내 주요 50개 외식업체 2016년 실적

	법인명	대표브랜드	매출액		
			2016년	증감률	2015년
1	파리크라상	파리바게뜨	1,777,178,739,028	2.86%	1,727,743,711,101
2	CJ푸드빌	빕스	1,250,423,221,494	3.66%	1,206,274,856,583
3	스타벅스코리아	스타벅스	1,002,814,318,251	29.58%	773,900,207,510
4	롯데GRS	롯데리아	948,881,502,698	-1.17%	960,107,706,719
5	이랜드파크	애슐리	805,448,929,846	11.06%	725,259,064,288
6	농협목우촌	또래오래	539,706,247,053	06.05%	574,447,698,787
7	비알코리아	던킨도너츠	508,589,410,709	-2.24%	520,244,187,126
8	교촌에프앤비	교촌치킨	291,134,570,511	13.03%	257,568,343,023
9	비케이알	버거킹	253,165,340,964	-9.10%	278,519,490,955
10	제너시스BBQ	BBQ	219,753,548,128	1.80%	215,859,733,466
11	청오디피케이	도미노피자	210,258,669,230	7.61%	195,397,386,682
12	해마로푸드서비스	맘스터치	201,871,094,029	35.82%	148,630,305,769
13	에스알에스코리아	KFC	177,025,154,533	1.32%	174,724,909,649
14	더본코리아	새마을식당	174,871,404,102	41.18%	123,861,782,375
15	본아이에프	본죽	161,915,426,742	12.99%	143,298,606,904
16	이디야	이디야커피	153,544,611,986	13.30%	135,521,376,709
17	지엔푸드	굽네치킨	146,963,838,585	49.35%	98,403,070,608
18	커피빈코리아	커피빈	146,020,774,483	5.10%	138,938,692,307
19	할리스에프앤비	할리스커피	128,620,870,080	18.45%	108,584,230,041
20	놀부	놀부부대찌개	120,371,880,274	0.61%	119,644,883,536
21	엠피그룹	미스터피자	97,057,713,543	-12.03%	110,334,442,101
22	한솥	한솥도시락	93,450,170,833	8.69%	85,977,883,670
23	탐앤탐스	탐앤탐스	86,904,811,559	-2.09%	88,763,650,721
24	아모제푸드	카페아모제	77,709,476,186	-10.79%	87,021,856,784
25	카페베네	카페베네	76,579,195,280	-30.45%	110,110,201,113
26	토다이코리아	토다이	75,712,432,549	1.81%	74,366,111,820
27	원앤원	원할머니보쌈	75,335,571,616	-1.76%	76,685.431,644
28	디딤	신마포갈매기	65,752,103,510	6.20%	61,915,832,179
29	엔티스	경복궁	64,214,566,518	0.04%	64,191,883,374
30	전한	강강술래	62,605,427,065	16.76%	53,617,791,947

	법인명	대표브랜드	영업이익		
			2016년	증감률	2015년
1	파리크라상	파리바게뜨	66,466,341,645	-2.83%	68,401,992,788
2	CJ푸드빌	빕스	7,612,835,874	-27.61%	10,515,825,667
3	스타벅스코리아	스타벅스	85,263,869,944	80.87%	47,141,285,776
4	롯데GRS	롯데리아	19,265,680,668	43.52%	13,423,529,274
5	이랜드파크	애슐리	-13,042,395,296	적자지속	-18,567,855,117
6	농협목우촌	또래오래	2,388,904,185	-43.58%	4,234,412,263
7	비알코리아	던킨도너츠	40,507,512,902	-21.78%	51,789,190,475
8	교촌에프앤비	교촌치킨	17,697,273,857	16.81%	15,150,420,135
9	비케이알	버거킹	10,753,419,177	-11.41%	12,138,378,984
10	제너시스BBQ	BBQ	19,119,575,719	37.65%	13,889,867,948
11	청오디피케이	도미노피자	26,148,974,238	14.85%	22,763,349,909
12	해마로푸드서비스	맘스터치	17,257,002,377	93.95%	8,897,630,011
13	에스알에스코리아	KFC	-12,262,188,782	적자전환	2,519,865,023
14	더본코리아	새마을식당	19,762,485,462	80.08%	10,974,482,886
15	본아이에프	본죽	9,643,020,060	108.54%	4,624,133,933
16	이디야	이디야커피	15,785,054,983	-3.36%	16,333,174,813
17	지앤푸드	굽네치킨	14,074,334,840	150.02%	5,629,268,870
18	커피빈코리아	커피빈	6,415,508,347	63.97%	3,912,507,369
19	할리스에프앤비	할리스커피	12,733,558,418	85.71%	6,856,590,390
20	놀부	놀부부대찌개	4,471,311,917	71.67%	2,604,572,263
21	엠피그룹	미스터피자	-8,906,726,136	적자지속	-7,258,907,426
22	한솥	한솥도시락	7,537,969,650	-3.90%	7,844,235,483
23	탐앤탐스	탐앤탐스	2,361,398,129	-46.33%	4,399,702,445
24	아모제푸드	카페아모제	-691,750,183	적자지속	-514,452,289
25	카페베네	카페베네	-554,827,454	적자지속	-4,381,991,762
26	토다이코리아	토다이	1,890,163,061	-34.38%	2,880,632,811
27	원앤원	원할머니보쌈	1,906,415,161	28.04%	1,488,921,918
28	디딤	신마포갈매기	5,531,547,756	109.18%	2,644,406,000
29	엔티스	경복궁	3,495,529,796	6.93%	3,268,846,170
30	전한	강강술래	6,253,723,716	156.51%	2,438,038,325

	법인명	대표브랜드	당기순이익		
			2016년	증감률	2015년
1	파리크라상	파리바게뜨	55,101,759,875	6.56%	51,707,226,710
2	CJ푸드빌	빕스	5,213,030,763	흑자전환	-7,399,515,626
3	스타벅스코리아	스타벅스	65,250,646,249	130.68%	28,286,458,919
4	롯데GRS	롯데리아	-11,328,471,862	적자지속	-57,188,774,814
5	이랜드파크	애슐리	-80,415,701,255	적자전환	3,259,340,450
6	농협목우촌	또래오래	176,061,903	-96.06%	4,474,241,678
7	비알코리아	던킨도너츠	35,748,612,156	-17.04%	43,090,305,701
8	교촌에프앤비	교촌치킨	10,333,269,262	48.13%	6,975,624,101
9	비케이알	버거킹	8,041,478,568	-6.98%	8,644,484,103
10	제너시스BBQ	BBQ	5,622,355,657	-25.79%	7,575,978,570
11	청오디피케이	도미노피자	20,886,060,816	15.86%	18,027,199,494
12	해마로푸드서비스	맘스터치	9,295,865,326	52.53%	6,094,487,395
13	에스알에스코리아	KFC	-18,989,243,531	적자전환	1,239,410,933
14	더본코리아	새마을식당	19,246,938,573	176.53%	6,960,110,664
15	본아이에프	본죽	6,541,937,183	666.68%	853,282,435
16	이디야	이디야커피	11,157,627,325	-14.73%	13,085,209,896
17	지앤푸드	굽네치킨	9,051,485,230	98.68%	4,555,730,841
18	커피빈코리아	커피빈	4,274,213,864	68.04%	2,543,614,329
19	할리스에프앤비	할리스커피	9,112,688,828	97.97%	4,603,109,833
20	놀부	놀부부대찌개	34,729,365	흑자전환	-1,185,695,358
21	엠피그룹	미스터피자	-13,169,290,522	적자지속	-5,685,686,269
22	한솔	한솔도시락	5,937,412,411	-6.94%	6,379,860,772
23	탐앤탐스	탐앤탐스	-2,700,843,324	적자전환	1,006,075,983
24	아모제푸드	카페아모제	-2,894,719,809	적자지속	-2,831,863,842
25	카페베네	카페베네	-24,199,662,544	적자지속	-33,998,615,819
26	토다이코리아	토다이	-302,769,030	적자전환	60,192,423
27	원앤원	원할머니보쌈	1,050,809,166	-46.68%	1,970,922,444
28	디딤	신마포갈매기	3,882,856,783	206.73%	1,265,883,943
29	엔티스	경복궁	870,450,996	62.51%	535,619,685
30	전한	강강술래	4,044,752,337	204.26%	1,329,361,651

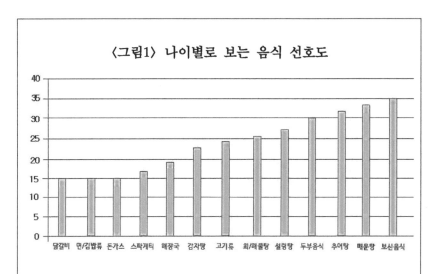

〈그림1〉 나이별로 보는 음식 선호도

〈표 37〉 외식장소 선택기준

연도	식당 선택기준
1985년	가격, 맛, 위생
1990년	맛, 청결, 가격
1995년	맛(87.1%), 서비스(4.6%), 분위기(4.4%)
2000년	맛(77%), 서비스(37.4%), 분위기(32.7%)
2005년	맛(72.3%), 가격(15.5%), 양(4.4%)
2010년	맛(71.2%), 분위기(10.2%), 교통(8.4%)
2015년	맛(82.6%), 분위기(25.2%), 교통(21.3%)
2017년	맛(77.3%), 분위기(7.1%), 가까운 위치와 교통(6.8%)

〈표 38〉 상권별 특징

구분	특징
오피스	- 말, 저녁 공백. - 직장인 상권의 경우 짧은 이동을 선호하는 경향이 강하여 어디에 입지하는가가 중요함. - 따라서 오피스 이면 유동인구가 많은 곳이 상대적으로 유리. - 직장인을 목표시장으로 하는 만큼 규모를 크게 하고 현대화된 환경으로 창업하는 것이 유리.
역세권	- 영업시간이 상대적으로 길고 자영업자의 피로도가 큼. - 24시간 성황, 주말 유입인구가 크고 업종이 다양하며 유흥성향이 상대적으로 강한 상권 곱창전문점은 B급지에 입지하는 것이 적당,
대학가	- 찾아다니며 소비하는 성향이 강해 상권이 넓게 형성. 따라서 입지 선택의 여건이 상대적으로 양호.
주택가	- 평일 공백 - 가족단위 소비자를 유입할 수 있는 환경을 구축하는 것이 필요
전문 쇼핑가	- 업종별 군집형태로 상권 발달 - 쇼핑가 자영업자를 목표시장으로 전문상가 인근에 입지

〈표 39〉 보쌈전문점 최적의 상권입지

적합상권 유형	장·단점	
제1후보지 주택가 진입로변상권	장점	보쌈전문점 주 수요층의 접근성이 좋은 대단위 주택가 진입로 변 1층 매장이 가장 적합하다.
	단점	주택가 상권의 경우 직장인 수가 적다. 점심 매출이 기대만큼 나오지 않을 수 있다.
제2후보지 아파트 주거지역	장점	거주밀집지역의 틈새상권도 좋다. 배달을 전문으로 하는 소규모 업체라면 적극 추천한다.
	단점	틈새 입지개발이 쉬운 일이 아닌 만큼 단골을 만들기 위한 노력이 필요하다.
제3후보지 역세권, 오피스밀집 상권	장점	직장인 유동인구가 많은 역세권이나 오피스밀집상권, 먹자상권은 어떤 아이템이 들어가도 반은 먹고 들어갈 수 있다.
	단점	보증금, 월세, 권리금이 높아 매출은 높으나 수익성이 떨어질 수 있다.

〈표 40〉 장어전문점의 최적 상권입지

제1후보지 사무실 밀집지역 및 도심 오피스상권 먹자골목		제2후보지 도심외곽 관광지 및 강변상권		제3후보지 주택가로 이어지는 대로변	
장점	단점	장점	단점	장점	단점
주택가 상권보다는 관공서 주변상권과 회식 수요가 있는 사무실 밀집지역이 적합하다. 30~50대 남성들의 분포가 많은 지역이라 장어의 수요가 많다.	직장인들을 대상으로 하는 저렴한 가격의 점심 메뉴를 개발해야 한다. 주5일 근무로 주말 매출이 저조할 수 있다.	장어 전문점은 보양식품이라는 인식이 크기 때문에 도심 한가운데보다 외곽지역에서 장어를 찾는 사람들이 많다. 임진강 일대, 고창 선운사 일대, 남양주 운길산역 일대가 장어 타운이 형성된 이유다.	주말고객층과 평일고객층의 편차가 크다는 점이다. 수도권 상권의 경우 평일 접근성이 높은 지역선정이 중요하다.	장어전문점 특성상 주택가 진입로 대로변 매장이 관건이다. 눈에 띄는 입지가 목적 구매고객을 공략할 수 있다.	평일 낮 매출을 담보하기 어렵다. 주부들의 계모임이나 동네의 크고 작은 행사를 유치하는 등 매출증대를 위한 전략을 세울 필요가 있다.

〈표 41〉 갈비 전문점의 최적의 상권입지

적합상권 유형		장·단점
제1후보지 (대단위 아파트 상권 내 외식상권)	장점	갈비 전문점의 주 수요층이라고 할 수 있는 주부·가족단위고객을 공략하는 데는 1만 세대 이상이 거주하는 아파트상권이 적합하다
	단점	아파트상권의 경우 분양가 거품으로 인해 점포임대가가 높기 때문에 자칫 투자 수익률이 떨어질 수 있는 위험성이 있다.
제2후보지 (주택가상권 대로변 입지)	장점	갈비 전문점은 대형화 전문화 바람을 타고 있는 아이템이다. 가시성과 접근성이 좋은 주택가 상권 진입로 대로변을 추천한다. 대형매장을 공략한다면 지역의 랜드마크 역할을 하면서 안정 수익을 확보할 수 있다.
	단점	대형 매장의 경우 점포구입비와 점포 시설투자비가 높다. 초기투자 비용이 상당하므로 쉽사리 진행하기 어렵다.
제3후보지 (역세상권 내 먹자골목)	장점	지속적인 안정 수요층을 확보하는 데는 역세상권의 먹자골목도 나쁘지 않다.
	단점	먹자골독 내의 경쟁점포가 많기 때문에 자칫 먹자골목 경쟁우위를 점유하지 못한다면 상권 내 경쟁구도에서 밀려날 수 있는 위험성이 높다.

〈표 42〉 닭갈비 전문점, 대학가·먹자골목 최적의 상권 입지

적합상권 유형		장·단점
제1후보지 (지하철역 인근 먹자골목)	장점	지하철역 인근 먹자골목이나 중심상가 이면도로는 닭갈비 전문점의 최적 입지다. 내부가 들여다보이는 1층 매장이면 더욱 좋다. 우선 유동인구가 많고, 저녁모임이 많이 이루어지는 곳이라 소모임이나 회식수요가 많다.
	단점	주 영업시간이 밤이기 때문에 늦은 시간까지 영업을 해야 한다. 체력이 뒷받침되지 않으면 운영에 차질을 빚을 수 있다.
제2후보지 (대학가 주변)	장점	닭갈비에 대한 선호도가 가장 높은 계층이 모이는 지역이다. 맛과 서비스에 관리를 잘하면 단골손님 확보가 용이하다.
	단점	점포 구입단계에서 투자비용이 높다. 물건을 구하기도 쉽지 않다. 어설프게 접근하면 손해만 볼 확률이 높다.
제3후보지) (사무실주변 유동인구 많은 곳)	장점	직장인들의 모임 장소로 콘셉트를 잡는 게 중요하다. 점심메뉴를 개발해 점심영업을 기대 할 수 있다.
	단점	주말 매출을 기대하기 어렵다. 저녁 매출이 중요한 업종이지만, 퇴근시간대 매출이 생각만큼 나오지 않을 가능성도 있다.

관통도로와 교통량에 따른 매출

관통도로란 시 경계선에서 시내와 시외를 연결하는 주요 도로를 말한다. 적은 자본으로 음식 장사로 한몫 잡고 싶다면 이들 관통도로의 교통량을 분석하는 것이 좋다. 국내에는 도시 크기가 매우 크고 근처에 거대 위성 도시를 끼고 있어도 관통도로에 하루 20만대가 넘는 교통량을 보이는 지역이 없다. 그럼 관통 도로의 교통량이 대강 어느 정도이면 음식점의 장사가 잘되는 것일까?

교통량이 많이 발생하는 관통 도로에는 도로를 따라 여러 개의 핵심 상권이 자생하고 있다. 음식점을 이 핵심 상권에 입점시키는 것도 좋은 방법이지만 건물 임대료가 비싸다. 이럴 경우에는 교통량을 믿고 대로변에 음식점을 입점시키는 것도 생각해볼 만하다. 남태령 고개를 예로 들어보면, 남태령 고개는 경기도 과천과 서울 사당동을 연결하는 고개 이름이다. 이 고개를 따라 서울 방향으로 발전한 상권이 사당동 역세권이다. 그 밑으로는 방배동 상권이 있다. 예전에는 시계를 연결하는 단순한 도로에 불과했으나 서울 외곽에서 서울 시내로 출퇴근하는 사람들이 많아지면서 사당동은 대형 상권으로 발전하였다.

관통 도로와 같은 대로변에 음식점을 입점시킬 때는 하루 평균 5만 대 정도의 교통량이 발생하는 도로로 생각해볼 만하다. 5만 대 수준이면 대강 맛이 있거나 분위기가 있는 요식업소라면 매출이 일정 이상으로 발생한다.

그렇다면 교통량 계산은 어떻게 하나? 어떤 한 지점의 교통량은 일반적으로 출근이 시작되는 아침 7시를 전후로 해서 늘어나기 시작한 뒤 8시부터 9시 사이가 그날의 최고 피크타임이 된다. 그런 뒤 교통량이 일정 수준으로 계속 유지되다가 오후 퇴근 시간이 되자 교통량이 다소 늘어났다가 새벽 1시면 현저하게 줄어든다는 공통점이 있다.

즉 아침 9시대에 피크를 이루고 점심을 전후로 약간씩 줄어들었다가 저녁 퇴근 시간대에 다시 피크를 이룬 뒤 새벽 1시까지 천천히 감소하다가 새벽 1시를 넘으면 현저하게 줄어든다. 이로 인해 아침 피크 시간대의 교통량과 교통량이 제일 적은 새벽 4시경의 교통량은 3배에서 5배 정도의 차이가 발생한다.

교통량 조사 방식

관통 도로에서의 교통량은 오전(07~09시), 점심(11~14시), 퇴근 시간(17~19시) 사이에 측정한다. 새벽 1시부터 아침 7시까지의 교통량은 피크 타임의 3분의 1로 계산한 후 평균을 잡으면 하루 교통량의 윤곽이 대강 잡힌다.

일반적으로 주거 지역에서는 21시~23시 사이에 교통량이 점차 줄어들지만, 심야 영업이 활발한 지역은 21시~23시경에 다소 교통량이 늘어나는 특징을 가지고 있다. 따라서 술집을 창업하려면 그 지역(먹자골목 등)의 밤 21시부터 23시까지의 교통량을 측정하는 것이 좋다. 만일 21시를 기준으로 시간당 교통량의 유입 유출 합계가 3천대 이상이라면 그 지역은 심야 상권이 활발한 지역이라고 볼 수 있다.(밤 9시부터 10시까지 3천대 이상의 유동량을 보이는 도로라면 그 도로는 교통 정체가 상당히 심한 도로라고 말할 수 있다.)

〈표 43〉 서울의 관통 도로 교통량

도로 명	교통량(대)
양재대로	약 13만
시흥대로	약 12만
하일동	약 10만
남태령	약 9만
통일로	약 9만
도봉로	약 7만 9천
망우리	약 7만 7천
복정 검문소	약 6만
서하남	약 6만
서오릉	약 4만

창업할 수 있는 외식업 종목

한정식 전문점/ 산채요리 전문점/나물요리 전문점/ 약선요리 전문점/ 궁중요리 전문점/ 사찰음식 전문점/ 한식당/ 한식배달 전문점/ 생선구이백반 전문점/ 연탄구이백반 전문점/ 우렁된장 전문점/ 대통밥 전문점/ 중화요리 전문점/ 중화요리 뷔페/ 테이크아웃 중화요리 전문점/ 중화요리 패밀리 레스토랑/ 기사식당/ 5,000원 기사식당/ 돼지김치찌개 전문 기사식당/ 해물탕 전문 기사식당/ 연탄구이 기사식당/ 일식집/ 활어횟집/ 장어 전문점/ 초밥 전문점/ 퓨전초밥 전문점/ 회전초밥 전문점/ 일본음식 전문점/ 보쌈 전문점/ 부대찌개 전문점/ 수제 부대찌개 전문점/ 빈대떡 전문점/ 족발 전문점/ 닭갈비 전문점/ 찜닭 전문점/ 바비큐 치킨 전문점/ 통닭 전문점/ 닭볶음탕 전문점/ 삼계탕 전문점/ 죽 전문점/ 덮밥 전문점/ 비빔밥 전문점/ 돌솥밥 전문점/ 가마솥밥 전문점/ 철판 볶음밥 전문점

참치회 전문점/ 꽃게탕 전문점/ 해물탕 전문점/ 민물새우 전문점/ 낙지요리 전문점/ 랍스타 전문점/ 조개구이 전문점/ 꼬치구이 전문점/ 밴댕이요리 전문점/ 올갱이국 전문점/ 돼지갈비 전문점/ 삼겹살 전문점/ 생고기 전문점/ 연탄불고기 전문점/ 화로 숯불고기 전문점/ 한우 전문점/ 떡볶이 전문점/분식 전문점/ 만두 전문점/ 즉석김밥 전문점/ 카레요리 전문점/ 수제어묵 전문점/ 수제 햄버거 전문점/ 수제핫도그 전문점/ 호두과자 전문점/ 왕만두 전문점/ 멸치국수 전문점/ 잔치국수 전문점/ 회국수 전문점/ 막국수 전문점/ 우동 전문점/ 라면 전문점/ 칼국수 전문점/ 손칼국수 전문점/ 콩칼국수 전문점/ 바지락 칼국수 전문점/ 수제비 전문점/ 닭수제비 전문점/ 퓨전음식 전문점/ 일식돈가스 전문점/ 바비큐 전문점/ 샤브샤브 전문점/ 버섯요리 전문점/ 두부요리 전문점/ 두루치기 전문점/ 보리밥 전문점/ 쌈밥 전문점/ 떡갈비 한정식 전문점

추어탕 전문점/ 매운탕 전문점/ 동태탕 전문점/ 감자탕 전문점/ 영양탕 전문점/ 오리요리 전문점/ 설렁탕 전문점/ 해장국 전문점/ 뼈다귀 해장국 전문점/ 콩나물 해장국 전문점/ 소해장국 전문점/ 카페/ 락카페/ 북카페/ 룸카페/ 커피숍/ 룸커피숍/ 테이크아웃 커피 전문점/ 보드게임 카페/ 막걸리 전문점/ 연탄불 생선구이 주점/ 일본식 주점/ 퓨전 주점/ 연탄불 안주 주점/ 철판요리 주점/ 포차 주점/ 맥주 전문점/ 세계맥주 전문점/ 호프 전문점/ 소주방/ 단란주점/ 룸살롱/ 노래방/ 비즈니스 바/ 웨스턴 바/ 칵테일 바/ 마술쇼 바/ 모던 바/ 클럽/ 제과점/ 떡 전문점/ 피자 전문점/ 파스타 전문점/ 스파게티 전문점/ 이태리요리 전문점/ 프랑스요리 전문점/ 터키요리 전문점/ 베트남쌀국수 전문점/ 양꼬치 전문점/ 말고기 전문점/ 북한음식 전문점/ 외국음식 전문점/ 패스트푸드/ 패밀리 레스토랑/ 샐러드 레스토랑/ 해물 뷔페/ 고기 뷔페/ 가든형 음식점/ 반찬집/ 1만원 고기안주 주점/ 1만원 해산물안주 주점/ 무한리필 안주 주점/ 무한리필 음식 전문점/ 무한 토핑 주점

〈표 44〉 추정소요자금 계획

과목	금액	비고
1. 매출액	0	서비스매출 + 상품매출
1) 서비스	0	(서비스매출)
2) 상품매출	0	(상품 또는 음식 판매 매출)
2. 매출원가	0	상품의 원가
3. 매출이익	0	매출액 - 매출원가
4. 판매관리비	0	
1) 급료	0	직원급여, 사업자급여
2) 복리후생비	0	직원복리후생, 4대보험, 식대 등
3) 임차료	0	임차료
4) 수도광열비	0	전기세, 수도세, 가스 등
5) 통신료	0	전화, 인터넷, 휴대폰
6) 수수료	0	세무대행료, 신용카드 수수료, 정수기, POS 등
7) 소모품비	0	1회용품, 청소용품, 주방용품
8) 감가상각비	0	취득원가-잔존가치/내용연수
9) 광고비	0	전단지, 홍보비 등
10) 기타경비	0	
5. 영업이익	0	매출이익 - 판매관리비
6. 영업외 비용	0	
1) 지급이자	0	대출금은행이자
7. 영업외 수익	0	이자수익 등
8. 경상이익	0	영업이익 - 영업외비용 + 영업외수익
9. 세전순이익	0	경상이익 - 특별손실 + 특별이익
10. 세금	0	1년 부가가치세, 소득세/12개월
11. 순손익	0	세전순이익 - 순이익

매출액 추정과 투자 수익률 분석
매출액 추정 방법 1개월 동안의 수익 X 12개월 = 적정 권리금
월 매출액 통행인구수 X 내점률 X 1인구매단가(객단가) X 월간 영업일수

〈표 45〉 투자수익률 및 투자회수기간 판단 기준

사업성 판단기준	투자수익률	투자비회수기간
매우 우수	4.3% 이상	2년 이내 회수
우수	3~4.2%	2~3년 회수
보통	2.2~3%	3~4년 회수
불량	2.1% 미만	4년 이상 회수

〈표 46〉 입지 후보지 선정

1	업종(목적)분석	아이템의 소비시간, 소비수준, 소비층, 소비행동, 경쟁점, 보완점을 분석한다.
2	유사업종군집화	소비패턴과 소비특성 등이 유사한 업종을 군집화한다.
3	1차 지역선정	군집화된 업종의 환경 조사
4	적합도 분석	상권과 업종의 적합도와 경쟁점과 보완점을 조사한다.
5	2차 후보지선정	적합도가 높으며, 임대조건 등이 좋은 지역 선정
6	변화요인 분석	도시계획, 공급률 등을 조사하여 미래변화요인을 조사한다.
7	타당성 분석	추정손익, 투자대비, 수익률 등 사업타당성을 분석한다.
8	최종	최종 결정

〈표 47〉 환경 분석(3C 분석)

3c	분석 내용	전략 방향
Customer	- 상권 반경 1km 내 - 배후세대를 주택가로 두고 있는 2종 근린생활 상권 - 30~40대 매니아층, 가족 수요 상존 - 31,500세대, 88,700명(주택 80%)	양질의 제품 확보 정당한 가격 정책
Company	- 기능적 능력의 확보 - 공급자 확보 - 20년 이상 거주로 잠재 수요 확보	제품의 질 유지
Competitor	- 경쟁점포 7개소(곱창 6, 양구이 1) - A급 경쟁점포 1개 - 경쟁점 대비 차별화 요소 약함 - 기존 점포의 고객 충성도 높음	양심의 제품 공급과 마케팅으로 새로운 맛집으로 부상

〈표 48〉 사업 방향의 설정

구분	사업 방향 설정
목표고객	- 상권 내 30~40대 - 배후세대 가족 고객
핵심경쟁력	- 기술적 능력 - 양질의 제품에 대한 지속적인 제공능력
실행방안	- 독산동 내장 도매상과의 협업 - 블로그 운영 - 스토리텔링에 의한 고객충성도 고취
업종현황 및 전망	- 공급이 한정적이고 손질에 어려움이 있는 반면, 매니아층을 중심으로 수요가 꾸준하여 향후 전망 또한 안정적임.

〈표 49〉 시설계획

인테리어 컨셉	-젠 스타일 추구로 유행을 타지 않으면서 안정감 추구 -가족 고객을 위한 편안한 테이블 셋팅 -배연 시설에 중점			
시설 계획	-동선을 고려한 설계 -주방면적, 홀 면적, 테이블 수, 마감재 기재 철거, 목공, 전기, 조명, 마감 계획의 구체화 -간판 디자인			
시설 자금	품명	수량(m²)	3.3m² 당 단가	금액
	인테리어(홀)	66	800,000	16,000,000
	인테리어(주방)	19	400,000	2,000,000
	잡기 비품 등			5,000,000
	간판 외			2,000,000
	합계			25,000,000

〈표 50〉 구매계획

구매전략	-독산동 내장 소매상 2곳 이상 확보 -세금계산서 수취가 가능한 식자재 업체 확보 -결제조건, 반품 조건 등을 명확히 함. -집기 비품 구매 목록표 작성					
	구입품명	**구입처**	**거래조건**	**연락처**	**금액**	**비고**
식자재	곱창, 양깃머리 외					
	식자재					
	주류					
집기/비품	주방 용품					
	홀 용품					

〈표 51〉 판매계획

	메뉴명	수량(g)	단가	금액(일)	비고
판매계획	곱창	200	15,454	772,700	부가세 별도
	양깃머리	200	20,000	200,000	
	곱창모듬	200	13,636	272,720	
	염통	200	9,090	45,450	
	간, 천엽		4,545	22,725	
	주류		2,727	149,985	
	합계			1,463,580	

〈표 52〉 원가계획

매출원가	원부자재	소요량(일)	구입단가	금액	비고
	곱창	1보			
	양깃머리	2kg			
	막창	1보			

〈표 53〉 인력 및 인건비 계획

직책	인원	급여	총액	비고
실장(주방/홀)	2	1,600,000	3,200,000	
직원(홀)	2	1,400,000	2,800,000	
보조(주방)	1	800,000	800,000	
합계	5	3,800,000	6,800,000	

〈표 54〉 소요자금 및 조달계획

구분		내역	금액	산출근거
소요자금	시설자금	임차보증금	40,000,000	임대차계약서
		권리금	20,000,000	권리양도계약서
		인테리어비	20,000,000	견적서
		집기 비품	5,000,000	견적서
		소계	85,000,000	
	운영자금	운영자금	25,000,000	매출계획의 약 65%
		소계	25,000,000	
	합계		110,000,000	
조달계획	자기자금	현금/예금	70,000,000	통장
		소계	70,000,000	
	타인자금	은행대출	10,000,000	
		정책자금	30,000,000	창업자금
		소계	40,000,000	
	합계		110,000,000	

<표 55> 손익계획

과목	금액		산출근거
1.매출액		39,516,000	매출계획(27일영업일)
2.매출원가		15,806,000	(40%)
3.매출이익		23,710,000	
4.일반관리비		13,875,000	(가~자 합계액)
가.급료	6,800,000		인력계획 참조
나.임차료	5,060,000		
다.관리비	600,000		
라.수도광열비	400,000		
마.통신비	50,000		
바.복리후생비	250,000		
사.광고선전비	100,000		
아.잡비	200,000		
자.잠가상각비	415,000		
5.영업이익		9,835,000	
6.영업외비용		100,000	
가.지급이자	100,000		약 25%
7.영업외수익			
8.경상이익		9,735,000	

〈표 56〉 곱창이야기 수익성

구분	15평(49.5m)	30평(99.1m)
테이블수	일일 2회 기준 테이블수X테이블단가40,000 ▶360,000X2회 ▶720,000	일일 2회 기준 테이블수18X테이블단가40,000 ▶720,000X2회 ▶1,440,000
예상매출	일일 2회 기준 테이블수X테이블단가40,000 ▶360,000X2회 ▶720,000	일일 2회 기준 테이블수18X테이블단가40,000 ▶720,000X2회 ▶1,440,000
예상월매출	영업일30X일매출→ 21,600,000	영업일수30X일매출→43,200,000

〈표 57〉 곱창이야기 창업비용

구분	15평	30평	내용
월매출	21,600,000	43,200,000	
매출원가	8,610,000	17,280,000	원재료+식자재+주류+야채류
건물임대료	2,600,000	4,000,000	임대료/관리비
인건비	4,000,000	7,000,000	15평 주방1 홀2 4,000,000 30평 주방1 홀4 7,000,000
전기,가스 공과금	1,000,000	2,000,000	전기,수도,가스,공과금 등
잡비	500,000	1,000,000	기타 소모품 및 식대
소계	16,140,000	31,280,000	
영업이익	5,460,000	11,920,000	원매출-지출경비(소계)

<표 58> 한식당 창업비용의 예

구분	내용	20평	30평	40평	50평	60평	70평
가맹비	브랜드 사용권, 지역독점부여권, 조리교육, OPEN지원 3일	500	500	500	500	500	500
교육비	경영, 조리, 매뉴얼제공, 본사 노하우제공, 조리교육 3일	200	200	200	200	200	200
인테리어	목공사, 전기공사, 설비공사, 도장공사, 유리, 도배, 주방, 바닥 시공, 조명, 덕트 등 일체포함	3,000	4,500	6,000	7,500	9,000	10,500
주방기기	냉장고 및 냉동고, 간택기, 육수냉장고, 싱크대,찬 냉장고, 작업대, 밥솥, 컵소독기, 스텐선반, 홀싱크대, 상부선반, 초벌대	37	37	37	37	37	37
주방 및 홀 집기	그릇 및 주방집기, 기물, 홀 집기, 앞치마, 전자레인지, 믹서기, 보온고 등	30	30	30	30	30	30
판촉 및 홍보	명함, 빌지패드, 라이터, 메뉴판, 전단지, OPEN현수막, 유니폼(홀, 주방), 오픈행사도우미 2명 외 등	250	250	250	250	250	250
본사지원품목	주류냉장고, 냉동고, 냉각기 및 주류비품 일체, 가스설비시공 (단, 도시가스 제외)						
창업자금지원	무이자, 무담보, 1,000만원부터 최고 5,000만원 까지 가능 (지역 상권, 평수에 따라 차이가 날 수 있음)						
합계		4,017	5,517	7,067	8,567	10,067	11,567

사업자등록증 발급을 위한 행정 절차	
권리금 산정방식	① 신규 위생교육 ② 보건증 발급 ③ 영업신고증 신청 ④ 사업자등록증 신청 ⑤ 보험 가입

〈표 59〉 일반음식점과 휴게음식점 비교

일반음식점	휴게음식점
음식물의 조리 및 판매와 더불어 음주행위가 허용되는 호프집, 한식, 경양식 등	음식물의 조리 및 판매는 가능하나 음주행위가 허용되지 않는 커피숍, 빵집 등

〈표 60〉 일반과세와 간이과세 비교

구분	일반과세사업자	간이과세사업자
매출액	연간매출액 4,800만원 이상	연간매출액 4,800만원 미만
납부세율	공급가액의 10% 부가가치세로 납부	업종별 부가세율을 고려한 세율부과(공급가액의 1.5~4%)
세액공제	매입세액 전액	매입세액의 15~40%
세금계산서	세금계산서 발행과 매입의 의무	세금계산서 발행 불가
예정고지 여부	예정신고기간에 대해 예정신고 또는 예정고지에 의한 징수 원칙	예정신고 및 예정고지 없음
비고		과세기간 매출액이 1,200만원 미만인 경우 부가가치세 면제

〈표 61〉 주요 소셜커머스 사이트 및 연락처

소셜커머스 업체	도메인	연락처
쿠팡	www.coupang.com	1577-7011
티켓몬스터	www.ticketmonster.co.kr	1544-6240
위메이크 프라이스	www.wemakeprice.com	1588-4763
그루폰코리아	www.groupon.kr	1661-0600
지금샵	www.g-old.co.kr	070-4077-4770
슈팡	www.soopang.co.kr	1600-2375
소셜비	www.sociabee.co.kr	1588-5908
달인쿠폰	www.dalincoupon.com	1666-9845

〈표 62〉 온라인마케팅의 하나인 소셜미디어 활용

		블로그	SNS	위키	UCC	마이크로 블로그
사용목적		정보공유	관계형성, 엔터테이 먼트	정보공유, 협업에 의한 지식 창조	엔터테이 먼트	관계형성, 정보공유
주체:대상		1:N	1:1 1:N	N:N	1:N	1:1 1:N
사용환경	채널 다양성	인터넷 의존적	인터넷환경, 이동통신환경	인터넷 의존적	인터넷 의존적	인터넷환경, 이동통신환경
사용환경	즉시성	사후기록, 인터넷 연결시에만 정보 공유	사후기록, 현재시점 기록, 인터넷/이동 통신 연결 시 정보공유	사후기록, 인터넷 연결시 창작/공유	사후제작, 인터넷 연결시 콘텐츠 공유	실시간 기록, 인터넷/이동 통신 연결 시 정보공유

〈표 63〉 연간 판매촉진 전략

월별	행사	이벤트 기준 및 판촉활동
1	시무식, 신년회, 설날, 대입합격축하회	POP부착, 새해선물(식사권, 할인권 등)을 연하장에 넣어 DM발송, 내점고객 선물 증정(복주머니, 복조리 등)
2	입춘, 봄방학, 졸업식, 환송회	졸업축하 이벤트, 발렌타인데이 특별 디너세트 판매(꽃, 샴페인증정, 초콜릿), 봄맞이 환경처리 실시, 현수막 부착, DM발송(리스트 입수), 정월대보름 오곡밥 축제
3	입학식, 환영회, 대학개강 파티	입학식, 환영회(행사유치를 위한 사전 홍보활동 및 선물제공), 화이트데이 이벤트 실시, 봄 샐러드 축제와 꽃씨제공
4	봄나들이, 한식, 식목일	신 메뉴 개발, DM, 각종 차량에 안내장 부착
5	어린이 날, 어버이 날, 스승의 날, 성년의 날	어린이날 특선메뉴 및 기념품 제공, 가정의 달 효도대잔치(카네이션, 기념사진 등), 독거 소년·소녀와 노인 초청 행사, 서비스 콘테스트 실시, 광고 등
6	각종 체육회, 현충일	국가 유공자 가족 초대회(할인행사)

월별	행사	이벤트 기준 및 판촉활동
7	여름보너스, 휴가, 초중고 방학	DM, 여름철 특선 메뉴 실시(빙수, 생과일 쥬스, 호프, 야외 바베큐파티 등), 삼복더위 축제
8	여름휴가, 초중고 개학	한여름 더위를 식힐 화채 개발 시식 및 각종 우대권 제공
9	대학개학, 초가을레저, 추석	도시락 개발, 행락철에 T/O
10	운동회, 대학축제, 결혼러시, 단풍놀이 행락객	가을미각축제, 과일축제, 송이축제, 전어축제, DM발송
11	학생의 날, 취직, 승진축하	찜요리 축제, 입시생을 위한 특선메뉴(건강식), 송년회 및 회식안내(DM)
12	송년회, 겨울방학, 겨울레저, 첫눈	크리스마스카드 및 연하장 발송(할인권), 점내 POP부착
기타	단골고객의 날 이벤트 개최, 생일 축하, 월 시식일 등	고객관리, 선물 또는 무료 식사권 제공

일일 매출 규모별 적정 관리 내역

(1) 하루 매상 40만원-창업 실패한 업소

한 달 총매출 : 40만원 x 30일 = 1,200만원

재료비(30%~35% 안팎) : 450만원 안팎

임대료&공과금&인건비(35%~40% 안팎) : 500만원 안팎

순이익률(22%~30%) : 250만원 ~ 350만원(사장이 주방이나 매장일을 하는 상태)

(2) 하루 매상 60만원-평균 성적을 거둔 업소

한 달 총매출 : 60만원 x 30일 = 1,800만원

재료비(30%~35% 안팎) : 600만원 안팎

임대료&공과금&인건비(35%~40% 안팎) : 700만원 안팎

순이익률(23%~32%) : 400만원 안팎(사장이 주방이나 매장일을 절반 정도 하는 상태)

(3) 하루 매상 150만원-대박 아닌 중박을 이룬 업소

한 달 총매출 : 150만원 x 30일 = 4,500만원

재료비(30%~35% 안팎) : 1,600만원 안팎

임대료 & 공과금 & 인건비(35%~40% 안팎) : 1,700만원 안팎

순이익률(25%~33%) : 1,200만원 안팎

(4) 하루 매상 30만원~40만원 일 경우-폐업 갈림길의 음식점

말 그대로 입에 풀칠하고 있는 상황에서 사업을 접지도 못하는 상황인 음식점을 말한다. 수입이 적기 때문에 사장이 직접 주방일을 할 수밖에 없다. 인건비 지출을 줄여야 하므로 종업원은 1~2인만 고용할 수 있는 상태다. 종업원 1인 고용 시 매장을 전부 담당하지 못하므로 사장 부인이 주방일도 거들고 매장일도 거드는 상황이 된다. 이렇게 되면 부부가 힘들어 지게 되고, 부인의 바가지 지수는 높아지며 이때쯤 되면 음식점 장사에 대해 체념하게 된다.

이런 점포는 십중팔구 1년 안에 문을 닫게 되거나, 코가 꿰인 상태로 어쩌지도 못하고 사업을 하는 상태가 지속된다.

하루 평균 매상 30만원 이하이면 이건 동네에서 관심조차 받지 못하는 음식점이란 뜻이고, 맛없는 집이거나 망해가는 음식점이라는 뜻이다. 다시 말해 동네 손님은 없고, 아주 소수의 단골손님과 우연히 걸려든 뜨내기손님을 받는 업소이다.

5천만원 이하 소자본 창업을 하면서 준비를 제대로 하지 않으면 이런 일이 쉽게 발생한다. 가장 큰 이유는 업종 선택이 잘못되어서이거나, 맛이 없어서이다. 이런 경우 1일 매상 폭의 변동이 매우 심한데 이것은 고객들에게 안 가도 되는 음식점으로 각인됐다는 뜻이다. 창업 15일이 지나도 하루 평균 매상이 30만 원 이하이면 바로 업종 변경을 해야 한다. 만일 밥집이었다면 술을 취급할 수 있는 업종으로 변경을 시도하면 매상을 더 올릴 수 있다.

(5) 하루 매상 60만원 일 경우-생활 유지형 음식점

하루 매상 60만원이라면 월수입이 400~500만원 정도이므로 집에 생활비를 가져갈 수 있고 음식점 경영 목적으로 자동차를 자유롭게 운용할 수 있는 상태이다. 자동차는 더 싼 식재료를 사러 다니는 용도로 사용한다. 우리 주변에서 볼 수 있는 평범한 음식점들보다는 좋은 실적이므로 일단 '맛'은 어느 정도 인정받은 집이라고 할 수 있다.

일을 할 때 가끔 자기 일이 행복하다는 생각이 들기도 하고 불행하다는 생각이 들기도 한다. 부부는 일심동체로 사업을 키우기 위해 더 열심히 노력하는 상태가 된다. 건물 임대료에 따라 다르겠지만 종업원은 1~2명 정도 고용할 수 있고 부부 중 한 사람이 주방을 맡아 인건비 부담을 줄일 수 있다.

그런데 이 경우가 가장 위험하다. 당장 먹고사는 방법이 마련되어 있으므로 가끔 행복지수가 올라가기는 하는데, 유명 맛집이 아닌 한 음식점의 매상은 세월이 흐를수록 떨어지기 마련이다. 예를 들어 옆집에 더 근사한 음식점이 들어오면 바로 타격이 온다는 뜻이다. 하지만 기존 단골이 있으므로 바로 매상이 떨어지지는 않고 2~5년 세월이 흘러가면서 아주 서서히 매상이 떨어진다. 어느 날은 매상이 90만원인데 어느 날은 매상이 20만원이 되기도 한다.

(6) 하루 매상 100만원일 경우-돈을 모을 수 있는 음식점

월 900만원 안팎의 수익이 발생하므로 몸은 고생해도 행복지수는 날로 높아진다. 월 순이익 1천만원 수준을 넘기면 이젠 자신의 음식점이 성공하였다고 자부하고, 자기는 가만히 있는데도 돈이 굴러들어온다고 착각한다. 이 상태이면 주방장과 종업원을 여러 명 고용한 뒤 부부는 놀러 다닐 수도 있는 상태가 되지만 돈 버는데 재미가 붙어 꼭 매장에 붙어 있으려고 한다. 이 경우 월수입을 전부 쓰지 말고 생활비를 제외한 나머지는 반드시 저축해야 한다. 저축한 금액은 몇 년 뒤 매장을 확장하거나 직영점을 내는 데 활용할 수 있다. 직영점 3개 정도 내면 더 바쁘게 살겠지만 최소한 돈 걱정은 안 하고 살 수 있을 것이다. 또한 천천히 프랜차이즈 사업을 시도할 수도 있다.

(7) 하루 매상 150만원일 경우-흔히 말하는 중박 음식점

하루 매상이 150만원인 점포는 흔히 말하는 중박 이상의 성공한 음식점들이다.

유명 햄버거 프랜차이즈 중에서 입지 조건이 나쁜 지방에 있는 점포인 경우 일매 110만원 정도를 찍는다. 대도시에서 지명도 낮은 지역에 있는 유명 햄버거 체인점들이 일매 130만원~180만원을 찍는다. 그리고 재래시장에서 볼 수 있는 시장 빵집 중 항상 손님이 바글바글대는 빵집이 일매 170만원을 찍는다.

30평 규모의 유명 한식 프랜차이즈 중에서 장사가 잘되는 점포가 일매 150만원 찍고, 장사가 잘되는 주점, 호프집, 고깃집, 일식집, 분식집이 일매 150만원을 찍는다.

(8) 하루 매상 200만 원-흔히 말하는 초대박 음식점

하루 매상 200만 원이면 객단가 7천 원 기준 1일 300인분을 판매하는 초대박 음식점이다. 월 1천 500만원~2천만원의 순수익이 발생한다. 물론 고기를 박리다매하는 주점이라면 이익률이 더 낮아질 것이다. 하루 200만 원 매출이 발생한다면 더할 나위 없이 좋은 시나리오이고 프랜차이즈 사업을 시도해도 성공할 확률이 높다. 또한 매출이 조금 떨어질 무렵이면 장사에 싫증날 수도 있는데 이때 권리금을 많이 받고 바로 팔아 버릴 수도 있다.

그런데 하루 매상 200만원 찍으려면 단골과 유동 인구가 중요하다. A급 상권에 입점한 유명 패스트푸드점, 외식업 체인점이 일매 200만원 이상 찍는다. A급 상권에서 장사가 잘되는 고깃집, 한정식, 횟집, 주점, 퓨전음식점, 유명 한식체인점, 일식집, 분식집이 일매 200만원 이상 찍는다. A급 상권에 있는 퓨전포차도 히트치면 일매 200만원 이상 찍는다.

(9) 하루 매상 300만원 이상-맛집이거나, 유동 인구가 많거나, 매장 크기가 큰 음식점

유동 인구가 많은 오피스 밀집 지역은 20평 크기의 분식점도 장사를 잘하면 일매 300만 원 이상 찍기도 한다. 또한 지방의 전통적인 맛집이거나, 점포 크기가 상대적으로 큰 경우다. 객단가가 높은 음식점이거나, 부촌에서 장사가 잘되는 음식점이 이에 속한다.

A급 상권이거나 강남 부촌 등에서 장사가 잘되는 고깃집, 주점 등이 일매 300만원 이상 찍고, A급 상권으로 비즈니스 밀집 지역에서 장사가 잘되는 20평 크기의 분식점이 일매 300만 원 이상 찍는다. 대형 아파트단지에서 맛으로 유명한

개인 빵집도 일매 300만원 이상 찍는다.

갈비 숯불구이집이 부촌에서 초히트치면 일매 1,000만원을 찍는다. 바닷가의 유명 횟집이라면 일매 400만원 이상 찍는다. 더 유명하고 드라이브족이 많이 찾는 횟집이라면 일매 700만원을 찍기도 한다. 도시 외곽에 새로 음식점을 세웠는데 맛집으로 유명세를 타면서 손님들이 몰려온다면 일매 300만원 이상 찍고 업종에 따라 일매 500만원 찍는 집과 일매 700만원을 찍기도 한다.

(10) 하루 매상 1천만 원-기업형 음식점

유동 인구가 많은 곳에 위치한 유명 패밀리 레스토랑 가맹점들은 보통 일매 1천만원 이상을 찍는다. 유명 프랜차이즈의 본점은 대부분 대형이다. 이들 중 장사를 잘하는 본점들이 보통 일매 400만원, 500만원을 찍고, 일매 1천만 원 이상 찍는 본점도 있다. 보통 고깃집, 쌈밥집, 보쌈집, 오리요릿집처럼 객단가가 높은 업체들의 본점이 가능하다.

〈표 64〉 한식 갈비집의 초기 창업비용

품목	내용	금액
가맹비	·상표사용권 부여 및 지역 독 점영업권 보장	·400만원 ※전략지역 할인이벤트 확인
교육비	·가맹점 운영 교육 및 매뉴얼 제공, 노하우 전수	600만원
물품 보증금	·본사 공급 원부자재에 대한 예치금(가명계약 해지 시 반환)	~~400만원~~ → 200만원 ※200만원 할인행사
점포개발비	·나이스비즈맵과 SK텔레콤 상권분석 시스템	~~100만원~~ → 0원 ※100만원 할인행사
인테리어	·설계 및 3D 디자인/바닥타일 공사 ·목공사(자재/인건비/유리·금속 공사 ·전기, 조명공사/도장, 필름공사/사인물 일체	4200만원 ※33m² 당 140만원
홀/주방기물	·2인/4인 테이블, 단체석 일체 등	1500만원
간판	·외부 전면 잔넬 텍스트 간판 (4M) ·돌출 간판 및 사이드 간판	450만원
기기설비	·로스터(착화식), 삼중불판 ·냉장/냉동고, 간데기 etc, 육류냉장고 등 ·샐러드바, 아이스크림케이스, 식혜, 커피머신	2250만원
홍보/오픈지원	·웹카메라 1대/음향기기SET/홍보물 및 조형물 일체	50만원

구분	99.17m₂	132.23m₂	165.28m₂	198.34m₂	세부내역	비고
가맹비	800	800	800	800	상호·상표사용(브랜드가치) 등	소멸
교육비	200	200	200	200	메뉴·운영·서비스·식자재 교육	체류비 등 점주부담
인테리어	3900	5200	6500	7800	목공사, 설비, 방수공사, 천정, 전기 등	평당 130만 원
간판	500	600	700	750	전면LED간판, 돌출간판 등	그 외 별도
닥트	550	700	850	1000	외부 2층 기본, 내부 및 주방 닥트	3층 이상 별도
테이블·의자	400	520	640	760	홀 의·탁자	
테이블렌지	270	350	430	510	2구렌지	
주방기기·홀집기	2100	2700	3300	3900	식기세척기, 주방기기 등	주물불판은 본사 무료 대여
인쇄·홍보·소품	200	250	300	400	이벤트, 전단지, 추억의 소품 일체	
합계	8920	1억1320	1억3720	1억6120		

〈표 65〉 외식업 초기 창업비용(단위 : 만 원)

참고문헌

권정직. 김순하. 장여향, 『최신 외식 경영론』. (서울: 이프레스). 2016. 144-145.

김성은, 『고기구이 전문점 창업의 필수품』. 월간식당. 2013.3. 158.

_____, "가현산생고기". 월간식당. 2014.3.148.

나이스비스맨, "시도별 업종 현황". 2016.

나이스지니데이터, "전국 소상공인 업종 상권 분석". 2015.

뉴스웨이, 『소자본 창업 아이템』. 2015.5.28.

디지털타임스, 『소자본 창업 아이템』. 2015.6.26.

_____, 『늘어가는 프랜차이즈』. 2016.5.3.

박서연, 『신규 프랜차이즈 3선, 월간 창업&프랜차이즈』. 2014.2. 174-175.

박선정, "제주산 원육 내세운 프리미엄 돈육 FC". 월간식당. 2017.06. 190-191.

배달앱, "2016 배달음식점 보고서". 2016.3.

서울경제, 『프랜차이즈 핫이슈』. 2012.7.8.

서울시, 영세 골목 상권 43개 업종 분석. 2015

스포츠조선, 『창업과 체크포인트』. 2016.4.17.

시민일보, 『2016 외식 창업트렌드』. 2015.12.15.

아시아 뉴스 통신, 『소자본 창업 아이템』. 2015.7.13.

양승근. 한진배, 『삼겹살 전문점 창업하기』. (서울: 크라운출판사).
　　　　2013. 125-166, 170-172, 217-219.

에너지경제, 『주목받는 아이템』. 2016.5.24.

외식경영, 저온숙성 핏제리아오. 2015.8. 130.

이뉴스투데이, 『프랜차이즈 열풍』. 2014.11.7.

임나경,『창업　전성시대』, 　월간　창업　프랜차이즈. 2013.8.
　　　　162-177.

_____,『팔색푸드매니지먼트, 팔색삼겹살』. 2013.4. 196-197.

창업&프랜차이즈, 『창업 아이템』, 2016.4. 224-225.

추대엽, 『외식산업론』. (서울: 범한출판사). 2015.

크리스천투데이, 『지역 프랜차이즈의 돌풍』. 2014.9.2.

파이낸스 투데이, 『프랜차이즈 성공 전략』. 2015.1.18.

한국갤럽, 패스트푸드 기호 조사. 2015.

한국경제신문, "프랜차이즈 브랜드 마케팅 강화". 2016.12.8.

한국농촌경제연구원, "돼지고기 소비 현황". 2015.

한국육류유통수출입협회, "육류 수입 현황". 2015.

황해원, "육류시장 신사업 출현". 월간식당. 2017. 70-73, 83-93.

etnew, 『프랜차이즈 성공 창업 지원』. 2015.6.9.

KB금융지주, 『프랜차이즈 비즈니스 현황 분석-KB금융연구소』.
   2013.

MNB, 『프랜차이즈 브랜드 선택』. 2014.10.23.

한눈에 읽는 외식창업 성공 이야기 [시리즈 7]

영원한 국민 메뉴 삼겹살 전문점

발 행 일 : 2018年 6月 1日

저   자 : 김 병 욱

발 행 처 : 킴스정보전략연구소

홈 페 이 지 : http://www.kimsinfo.co.kr

주   소 : 서울시 강동구 성내로8길 9-19(성내동
           550-6) 유봉빌딩 301호(☎ 482-6374~5,
           FAX : 482-6376)

출판등록번호 : 제17-310호(등록일: 2001.12.26)

인   쇄 : 으 뜸 사

I S B N : 979-11-7012-134-3

※ 당 연구소에서 발간하는 도서구입, 도서발행, 연구위탁, 강의, 내용질의,
컨설팅, 자문 등에 대한 문의 ☎(02)482-6374.